毎日のおうちごはん。
おいしくて元気になる食事は幸福の土台。

食事をすることは、決して特別なことではなく、
世界中の人びとが毎日繰り返してきたこと。
けれど、食事によって、
一人一人のからだとこころの在り方がきまるのです。

たくさんの困難を乗り越えて、
農薬不使用で育てている農家さんの野菜達。
それらを丁寧に洗って、きちんと切って、炒めたり茹でたり。
きれいで、何よりおいしい。
料理しているときの音もうつくしい。

そんな普通のごはんがマクロビオティック。

増補新版の刊行にあたり

　この本は、忙しい方でも毎日実践できて、そして体の不調を改善するお手伝いができたらなと思って執筆しました。食材については、「一週間使い切り！」をテーマにして、考えてみました。「体質改善」に主眼をおいたメニューであり、また当時の気候と食材に寄り添ったレシピとなっていて、かなりシンプルです。

　刊行から8年が経ち、今の私は、もう少しラフに、ご家族やお友達と食卓を共にする喜びの中で、「元気」に「病気を予防・改善」する食事をご提案できたらなと、思っています。さらに、当時とずいぶん気候が変化しました。太陽活動は縮小し、温暖化だけでなく、各地で極端な寒冷化も見せています。植生も変わり、食材自体の味が薄いこと、調味料の味が前と違うことも増えました。刊行当初のレシピの通りでは、あの味とパワーが再現できない部分も多いのです。そこで、増補新版の刊行にあたり、今の時代に合わせた調整も各所に盛り込みました。

　マクロビオティックは法則で規則ではありません。「よく理解しよう」という哲学です。必要な食は、下記の公式のように、都度変化していきます。生命の本質は変化ではないかなと思います。

$$必要な食 = \frac{穀物菜食＋\alpha}{適切な調理・食材の質} \times \frac{個人の体質・体調・性別}{風土・気象・季節}$$

　レシピの調整を随所に書き入れましたが、本書にて新しくレシピを試される方は、多少味付けもおかずの量も自己流で変えていただいてかまいません。この本のいいところは、ちょっとした組み合わせの妙や切り方などで、「美味しい！」が工夫されていることです。細かなところまで、楽しんで、日々の台所に役立てていただけたら嬉しいです。調味料など食材は是非吟味してください。それだけで、調理が楽しくなり、手間が省けますし、その背景にある生産者のドラマが、一層あなたを元気にしてくれることでしょう。

2015年以降おすすめしているレシピのアレンジ方法 ———— 気候と食材の変化により、以下をおすすめしています。

1 味付けをやや濃くする

　色の濃いごま油、長期熟成の醤油、塩、手作りまたは一年以上寝かせた味噌などの割合を増やす。また、この本の中で、「麦味噌」となっているところは、米味噌他でもかまいません。「豆味噌」となっていたら、味噌と醤油を２：１で混ぜて代用できます。「もち米酢」を他の酢で代用するときは、少々の甘みを加えてください。

　乾燥と暑さが厳しい年には、オリーブオイルやバルサミコ酢または、酸味を増やしたアレンジもおすすめしています。

2 タンパク質の割合を増やす

　現代は、動物性タンパク質の過剰摂取で有害アミノ酸、アンモニアなどが体内で多く発生し、便や体が臭うだけでなく、疲れやすく、様々な不調がうまれています。一度動物性タンパク質（及び添加物と白砂糖）を断ってみることは、変化が大きく是非おすすめします。その際、しっかり玄米と味噌汁、発酵食品をとってください。

　一方、今は寒冷化もすすんでいるため、この本の刊行当初よりもタンパク質を増やすことをおすすめしています。いい豆腐を味噌汁でコトコト煮込んだり、納豆、麩、蕎麦、長ひじきなど、身近なタンパク源をしっかりとりましょう。その上で、風土にあった魚や平飼い卵等を、それぞれ旬のときに、分解しやすい食べ合わせで少し召し上がってみてください（必要量は、年齢や体質によって異なります）。

気負わずに、美味しい食事を楽しむことから
始めてみてください。
この本を、マクロビオティックに興味のある皆さんに
長く使っていただけたら嬉しいです。

ORGANIC BASE
朝昼夜のマクロビオティックレシピ
増補新版

奥津典子

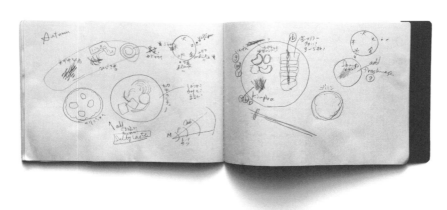

河出書房新社

はじめに

　食べ物で、目の大きさや鼻の形、顔の形、手相などが変わっていくことをご存じですか？　もちろん肌や顔色も変わります。
　花粉症やインフルエンザに困っておられる方は多いと思いますが、その主原因が花粉やウイルス以上に体にあり、それは食次第でどんどん変えられることをご存じですか？
　精製糖や乳製品の常食は胃がんをはじめ、心身にさまざまなトラブルをもたらしますが、それが「ブドウ糖液糖」「果糖」「乳糖」「ショ糖」、また「全粉乳」「乳パウダー」等々として殆どの惣菜、冷凍食品、菓子や飲料に入っていること。性格や精神状態が、骨の動きや、内臓、脳、歯並びなどと連動していて、毎日の食べ物で変わることも。
　部屋を片づけられないのは、余計に食べすぎて体の中が散らかっているからだ、とお考えになったことがありますか。

　今、たくさんの人が心身の悩みを抱えています。「食べる」ということは、生きている限り続く行為です。その影響力を知らないのは、本当にもったいないと思います。疲れやすくなるものばかり食べて、仕事で能力を発揮できなかったり、しみを気にして高い美容液を買っているのに、せっせとしみができるように食べているとしたら？　生理痛や冷えを体質だと思い込んでいませんか？　子供の夜泣きや肌のかぶれなど、性格や体調と食の関係を知らずに子育てに悩む人のどれだけ多いことでしょう。
　知ってそうするなら、それも自由かもしれません。しかし知らないというのは、時に悲劇をすら生んでしまうのではないでしょうか。

　私が食の本当の影響力、つまりマクロビオティックを初めて知ったのは14年前です。そのときは、衝撃を受けました。私たち現代人が「普通」と思っている食生活が、トラブルの原因になるものばかりなのです。しかし、落ち着いてよく考えてみれば、現代日本の「普通」の食生活は、歴史的に見ても、生物として見ても、相当に極端で、むしろ特異な食生活であることがわかりました。しかしマクロビオティックが示しているものは単に過去に戻ることでもありません。それ以来、私の勉強と模索の日々が始まりました。今でも食が人生のすべてだとは全く思いませんが、短くも長い日々を経て、食は人生の土台だと、ひいては社会の土台だと確信するようになりました。

食は毎日のことですから、バランスが大切です。バランス抜きでは、一見健康そうに見える玄米食すら、害になることがあります。食は、私たち人間にとって、エネルギー供給のもとであるだけではありません。楽しみや大切な思い出だったりすることもありますから、いくら「正しい」ことでも、無理や強制では続きません。かといって、あまりに「何となく」でルーズすぎても、よい結果は出ないようです。

　正しい知識と方法を知って、とにかく作ってみて食べてみること。そして緩急、正確さ（ちゃんと、きちんと）とラフさ（まあいいさ、このくらい！）のリズムを織り込みながら、自分なりのペースで取り込んでいくことが必要だと思います。無限にある、バランスの要素の詳細については、P16で述べています。

　食と料理は、実は宇宙や人生そのものです。武道や茶道など、あらゆる分野と同じように、本当にバランスを極めようと思ったら、一生涯では足りないくらい、奥深く広い世界です。必要な食は、一人一人の年齢や体質、住まい、職業、気候環境の変化によっても異なり、日々変化しています。しかし、今の日本の平均的な食生活によって、さまざまなトラブルに直面しているときに、ある程度のガイドラインは必要だと思いました。バランスについて一から学ばなくても、とにかくその通りに作ってみるだけで、食の影響力、偉大さ、面白さ、変わっていく自分を体感できる、そんな本が作れないかと思ったのです。制作にあたって、以下のことも心がけました。

1. できるだけ、簡単にできるメニューでバランスをとること。お楽しみメニューやスイーツも入れること。
2. 1人暮らし・2人暮らしの人が、素材を無駄にしないで使いまわせるように1週間のレシピを組むこと。
3. 女性中心だけど、男性に必要なエネルギーと味のコツをちりばめること。

　もちろん、本の通りに全部作っていただくばかりでなく抜粋して作っていただいて、レシピが気に入っていただけたら、とてもうれしく存じます。どうか、この本がわずかでもお役に立てますように。

basics

- 2 はじめに
- 8 マクロビオティックについて
- 13 この本の使い方
- 15 本書に出てくる用語について
- 16 献立のバランスについて
- 33 オンナラシサ・オトコラシサ
- 49 排出と好転反応について
- 57 肉や乳製品抜きでタンパク質やカルシウムは足りるの？
- 64 春の献立のたてかた
- 81 正しい玄米食を始めよう
- 112 夏の献立のたてかた
- 153 マクロビオティックはお金がかかる？
- 162 秋の献立のたてかた
- 195 年配者のマクロビオティック
- 203 子供のマクロビオティック
- 208 冬の献立のたてかた
- 210 マクロビオティック標準食について
- 213 朝・昼・夜のご飯の基本
- 214 陰陽について
- 216 玄米の美味しい炊き方
- 218 野菜の切り方について
- 219 海苔巻きの巻き方、おむすびのむすび方
- 220 料理が美味しくなる調理法と道具
- 222 調味料・食材について
- 224 あとがき

spring

day 1

- 20 朝 オレンジ甘酒
- 21 昼 菜の花の和風ペペロンチーノ
- 21 にんじんのアプリコット煮
- 23 夜 桜の花の玄米丸麦ご飯
- 24 かぶのすりおろし麦味噌汁
- 24 芽キャベツと厚揚げの甘酢ソテー
- 25 白味噌和え

day 2

- 28 朝 味噌雑炊
- 28 かぶの塩もみ、とろろ昆布和え
- 29 昼 麦とろろご飯
- 29 わかめと玉ねぎのバルサミコソース和え
- 31 夜 グリンピース玄米丸麦ご飯
- 31 絹さやの黒ごま和え
- 32 春野菜のレモンシチュー

day 3

- 36 朝 オートミールのみかんジュース粥
- 37 昼 春のてまり寿司
- 39 夜 玄米丸麦ご飯
- 39 豆腐とかぶのあんかけ
- 40 キャベツとにんじんの味噌汁
- 41 エリンギ＆セロリのソテー

day 4

- 44 朝 朝粥
- 44 豆腐と芽キャベツの味噌汁
- 44 かぶとかぶの葉のボイル
- 45 昼 おむすび
- 45 蒸し野菜
- 45 ピーナッツバターのディップ
- 47 夜 豆もやしご飯

47		レタスと玉ねぎのくたっと煮スープ	52		ボイルグリーンの梅粥ソース		sweets
48		あらめと納豆のお焼き	53	昼	生春巻き		
48		おかひじきの梅和え	53		白練りごまディップ	60	寒天甘酒ゼリー
			55	夜	玄米とレンズ豆の黒いパエリア	61	クスクスのケーキ
		day 5	56		ラディッシュの簡単おすまし	63	いちご煮
			56		蒸しキャベツのひと口てまり	63	豆腐クリームパフェ風
52	朝	麦のお粥					

summer

		day 1	76		蒸し小松菜	89	レタスの浅漬けwith白味噌ソース
			76		すいか		
68	朝	スチームとうもろこし	77	昼	玄米海苔巻き2種		day 4
68		梅ペースト	79	夜	ベジ焼きそば		
68		スチーム青菜カットレス	80		寒天と野菜の冷たいスープ	92	朝	甘酒レモンフルーツ
69	昼	ラタトゥイユと	80		かぼちゃの茶巾しぼり	93	昼	はと麦玄米のブロッコリー焼き飯
		全粒クスクス				93		梅もやし
71	夜	玄米ご飯の大葉むすび			day 3	95	夜	ざる冷や麦と麺つゆ
72		玉ねぎとかぼちゃの味噌汁				96		玄米ご飯の花餃子
72		海苔しょうがペースト 梅肉	84	朝	レーズン入り玄米粥	97		海藻とラディッシュのサラダ
73		メロンとかぶの梅酢和え	84		わかめのさっと煮と			
73		糸こんにゃくとがんも、			梅酢ラディッシュ			day 5
		もやしのマスタードソテー	85	昼	オイルレス玄米ビーフン			
			85		塩味ブロッコリー	100	朝	とうもろこしとお豆腐の味噌汁
		day 2	87	夜	はと麦玄米ご飯	101	昼	ピタパンの高きびソース
			87		わかめときゅうりの淡い味噌汁	101		オレンジジュース
76	朝	味噌スープのスパイラルパスタ	88		かぶとズッキーニと豆腐のステーキ	103	夜	玄米ご飯

103 とろろおすまし	sweets	111 ゆる葛withフルーツソース
104 高きびの春巻き		111 玄米甘酒スムージー
104 茹で枝豆	108 わらびもち	
105 きゅうりの醤油漬け2種（常備菜）	109 オートミールのクランチチョコアイス風	

autumn

day 1

116 朝	玄米もち入り味噌スープ
116	白菜の塩もみ
117 昼	テンペしょうがサンドウィッチ
117	甘栗とりんごの寒天煮
119 夜	はと麦玄米ご飯
120	かぼちゃのポタージュ
120	油揚げと椎茸の素焼きポン酢
121	春菊とふのりのマスタードソース
121	ピリ辛こんにゃく

day 2

124 朝	蓮根のすりおろし雑炊
124	蒸し小松菜
125 昼	ピリ辛こんにゃくフライ
125	余りご飯のおむすび
125	蒸し蓮根
125	蒸し小松菜
125	菊とりんごの和えもの
127 夜	黒豆きびご飯
128	精進鍋
129	切り干し大根のはりはり漬け（常備菜）

day 3

132 朝	ジンジャー甘酒
133 昼	野菜あんかけ
133	黒豆きびご飯のおむすび
133	ボイルさやいんげんの梅かぼす添え
135 夜	栗ご飯
135	蒸し小松菜
136	切り干し大根と白い野菜の具だくさんスープ
136	ひじきのバルサミコ煮（常備菜）
137	ねぎ味噌にんじん（常備菜）

day 4

140 朝	栗ご飯の梅干しおじや
140	蒸しかぶの葉
141 昼	さつまいもとひじきのパスタ
141	蒸しかぶの葉
143 夜	きのこご飯
144	ごぼうの白味噌スープ
144	野菜と車麩の無水炊き
145	菊とかぶの葉のおひたし

day 5

148 朝	玄米ご飯
148	いろいろ納豆
148	かぶとアプリコットの浅漬け
148	大根菜としめじの味噌汁
149 昼	きのこご飯の豆乳クリーミードリア
149	大根葉のシンプル黒ごま

151	夜	玄米ご飯			sweets		159		くるみとドライアプリコットの
151		大根葉としめじの味噌汁							ソフトクッキー
151		蒸しかぼちゃと蒸しカリフラワー		156	りんごとぶどうの、		160		かぼちゃプリンの
152		生麩ソテーwith海苔かぼすソース			ノンオイル・ジンジャーソテー				アプリコットソースがけ
152		きんぴら（常備菜）		157	栗葛あんみつ				

winter

day 1

166	朝	発芽玄米もちスープ		177	ユリ根ととろろ昆布のおすまし		190		小松菜の塩茹でwithゆず甘酒ソース
166		りんご		178	大和芋コロッケ		191		大根もち
167	昼	長芋トースト		179	蒸しキャベツ		193		小豆ご飯
169	夜	玄米ご飯		179	辛子味噌大根（常備菜）		193		冬キャベツの白味噌汁
170		しょうが豆味噌スープ					194		野菜とこんにゃくのグリル
170		車麩のやわらかソテー			## day 3		194		きんかんと水菜のプレス
171		玉ねぎの蒸し煮		182	干し納豆茶漬け				
171		春菊と桜の花の小さな海苔巻き		183	べったら海苔巻き			## day 5	

day 2

				184	板麩と春雨炒め		198	朝	パン味噌スープ
				184	黒練りごまの温サラダ		199	昼	長芋のリゾット風
174	朝	玄米おじや		186	ほうとううどん		201	夜	天ぷら蕎麦
174		小松菜の塩茹で		187	海藻と長ねぎのサラダ		202		ブロッコリーのあらめ和え
175	昼	蓮根の焼き飯							
177	夜	玄米きびご飯			## day 4			sweets	
				190	お粥と春菊味噌和え		206		りんごのパンケーキ
							207		あん玉

この本のルール── 1カップは 200 cc、1合は 180 cc。大さじ1は 15 cc、小さじ1は 5 cc。
原則として野菜の皮はむきません。皮も芯も食べます。玉ねぎなど、皮をむくものは「むく」と書いてあります。この本の使い方詳細はP13に。

● マクロビオティックについて

　この本は、「マクロビオティック」に基づいてできています。マクロビオティックとは主に食べ物の影響力について包括的にまとめられた哲学のこと。食を中心に、心と体のあり方を自由に決め、人生をハッピーな方向へデザインしていく方法論です。したがって、肉、乳製品、甲殻類、赤身魚、白砂糖、はちみつ、アミノ酸などの合成調味料、熱帯産果物、スパイスなどは日本では用いず、玄米菜食を基本にプラス魚などが中心です。でもなぜ、玄米菜食と呼ばず「マクロビオティック」という言いにくい名前がついているのでしょうか？

戒律や規則ではなく、法則です

　しばしば誤解されますが、マクロビオティックは、玄米菜食以外の食を禁止する規則ではありません。例えば肉を食べることを普段推奨はしませんが、肉は「悪い」食べ物ではありません。食べ物に善悪はありません。エネルギーが極端なだけで、必要なときは、当然体に「良い」働きをしてくれます。その影響は、カロリーやタンパク質といった次元ではなく、肉体、心、見た目、無意識の選択、神経、癖、遺伝……と現代人の常識以上に大きなものです。食べ物の影響力について、正しく理解して、自分自身とその未来を作っていきましょう。

NON CREDO

　近代マクロビオティックの礎を築かれた桜沢如一先生は、「NON CREDO」という言葉によって、マクロビオティックの精神を伝えています。それは、何かを盲信するのではなく、自分なりに考えよ、ということ。○○がいい、と聞いたからといって、それを鵜呑みにはしない、ということです。たとえそれが一見体によさそうな玄米や野菜であっても、です。大切なことは、一つ一つの食べ物も、存在も、焦らず感じること、向かい合うことです。これがいいんだ、と思い込んでそればかりを食べることは、結局食も自分も大切にしていないのです。当然何か不調が起きて、私たちに反省と気づきをうながしてくれます。
　自分で考えて決めないといけないということは、面倒かもしれません。しかしそうやって身につけた感覚だからこそ一生の財産となり、自分と家族や友人など大切な人を守ることができます。だからこそ基本の法則はしっかり押さえましょう。

マクロビオティックの法則1　一物全体(いちぶつぜんたい)

　食べ物を、物質というより、生命・命とみなし、その生命力をいただくことを大切に考えます。白米より玄米を日常のメインにするのは、玄米が単に栄養素の面で優れているからではなく、調理の直前まで強い生命力を有しているからです。一粒が何百粒にもなる玄米を毎日食べ続けるのと、もはや生命力、発展力を失った白米を食べ続けるのとでは、その差はとても大きくなります。

　どんな食べ物も命ですから、全体でバランスをとっていますし、全体ではじめて意味があります。動物も植物も、皮膚のような、外部と隔てかつ交流するところ、子供を育むところ、栄養を循環させるところ……といった活動をそれぞれのパーツが持っています。命全体を秩序を持って取り入れることで、私たち人間も全身の力が強まり、また全体のバランスがとれるのです。そう考えると、全粒穀物が全体食としては最も適していて、準じて豆、野菜、海藻などが食べやすいことがわかります。ですから野菜はできるだけ皮ごと食べます。玉ねぎの皮やかぼちゃのワタなどは例外です。

マクロビオティックの法則2　身土不二(しんどふじ)

　私たちの身と生きる土地は不可分である、一つである、という原則です。すべての生き物は、環境の一部を食べ物として食べて、環境と調和を図っています。自分の行動範囲のものしか食べません。世界中からいろいろな材料を集めて、体調を崩しているのは、人間と、人間に飼われているペットたちだけです。例えば熱帯原産のものは、熱帯の環境に合うように体を冷やしますし、寒帯で食べられてきたものは、熱をこもらせる作用があります。夏には夏のものの、冬には冬のものの性質があります。できるだけ国産で旬のものを食べ、輸入品や気候に合わないものは、嗜好品など食の一部にします。環境負荷も少なくてすみます。身土不二とは地球と私たちが一体であるともとれ、人間に病があふれているとき、地球もまた汚染されている、とも考えられます。

ネガティブをポジティブに

　マクロビオティックは、病気やトラブルを、サインやチャン

スととらえます。トラブルの主な原因は、私たちのこれまでの選択にあり、何かを改めることで、さらによりハッピーになれる、自分を高められるチャンスだと考えるのです。そのときに、軽視されがちだけれど、とても大切なのが食を振り返ることなのです。病気の多くは、不必要なのに取り入れすぎた食の排出現象です。一つの食べ物は、実はとても長い歴史や大きな関係を含んで私たちの中に入ってきて、直接細胞になります。

陰陽という法則

　マクロビオティックは、食べ物の栄養素だけでなくそのものの固有の力を重視します。それを便宜上、陰陽という言葉を用いてとらえます。
　私たちは普段、「気をつけてね」「気力」「気分が悪い」「気のせいだよ」「雰囲気のある人」などと言い、なんとなく、気や目に見えないエネルギーの存在を感じています。「病気」「元気」「病は気から」という言葉もそうです。元気になるための食には、食べ物の気こそが大切なのです。そして、陰陽とはこの食べ物の気、エネルギーの二つの方向性のことです。

　陰とは簡単に言うと、緩める力です。陽とは簡単に言うと引き締める力です。極陰の代表格が、お酒（特に蒸留酒）やチョコレートです。リラックスを求めて欲しくなりませんか？　反対に、極陽の代表格が、肉や魚卵です。塩も陽が強いものですが、お清めや相撲でまくのは塩でなくてはいけません。気を引き締めるのです。また、陰と陽は引き合います。お酒と肉や塩辛いものはよく合いますよね？
　そんな、陰陽のバランスを整えることこそ、「元気」の秘訣です。極陰、極陽の食品や調理法を避け、適度な陰と陽を食べるのです。例えば適度な陰は、私たちをリラックスさせ、体も緩め、熱も開放します。ところが行き過ぎると、胃も心臓も腸も緩みすぎて胃拡張や心臓肥大、陰性便秘や痔になってしまいます。気持ちや体型も締まりがなくなり、ルーズになります。意欲が減退し、集中力が発揮できません。面白いことに、顔のパーツや指紋なども、徐々に緩んで広がっていくんです。毛穴も開いてしまいます。

　反対に適度な陽は、私たちを適度に引き締め、集中させてくれ、熱も集めます。ところが行き過ぎると、今度は内臓や血

管、関節なども締まりすぎて正常に機能できません。熱が逃げず、ほてってくるため氷やお酒、ジュース、果物、お菓子など体を冷やすものを大量に欲してしまいます。タバコの主流煙も強い陽性で、血管が締まったり、胸も縮みます。エストロゲン（女性ホルモンの一つ）は陰性なホルモンですが、陽性なものを食べすぎることで、陰性ホルモンが不足し、ことに女性はその人本来の女性らしさを表現できなくなったり、心身のバランスを崩してしまいます。

　陰性なものは過剰だと、腸など空洞状器官に溜まりやすい傾向があります。鼻水はその排出で、出るうちはいいのですが、出し切れないと鼻腔や乳の腫瘍になることもあります。反対に陽性なものは、五臓や胴体下部に溜まりやすい傾向があります。臓器も実は陰陽陰陽……の順で配列されており、東洋医学は古くからこのことを見抜いています。

　陰陽は、そんなふうに、全身に作用するのです。マクロビオティックが単に玄米菜食と呼べないのは、あくまで、その陰陽を調えることが不可欠だからです。陰陽の偏った実践では、つまり、組み合わせや調理法が年齢や気候に合っていなかったりしたら、せっかく努力しても、たとえ野菜が多めでも、オーガニックでも、やはりトラブルが生じて、私たちに「考え方が違うよ」と気付きをうながします。反対に陰陽のバランスがとれていると、肉体、気持ち、見た目や顔、能力などさまざまなことがよくなっていきます。

　マクロビオティックは、かつては治病食、長寿食として認識されていました。例えば1985年にエイズに効果があった、というボストン大学の発表があったほか、末期がんなどからの治癒者が欧米で数多く認められ、功績者の久司道夫先生は、全米から顕彰決議されました（1999年）。同時にマクロビオティックは、ハリウッドスターやトップモデル、大企業のCEO、有名スポーツ選手など著名人たちが実践している食事法として知られています。彼らは、特に病気だったわけではありません。しかし、常に厳しい自己管理が必要で、同時に、強い向上心を持っている彼らは、マクロビオティックが、肉体と精神、ルックス、脳神経にもたらす影響に注目し、自分を生かす具体的方法として取り入れたのです。

では、どこから始めたらいいの？

　最初はラフでも面白いほど効果が出ます。まず、玄米（必ずP81を読んでください）と味噌汁を取り入れましょう。調味料を本物にかえ、そして素材をできるだけ自然なものにしてください。非常に効果があります。そして、できるだけ肉、卵、乳製品、白砂糖、添加物、じゃがいもなどを避け、可能な限り、野菜、豆、豆製品（納豆や豆腐など）、海藻を多めに食べるようにしてください。できれば、食べ方もよくする（小食、よく噛む、食前食後の祈り、夜食をしない）こともできればベストです。

　たとえできる範囲だけでも、きっと食の影響力を実感できることでしょう。変化の記録をとっても面白いですよ。その際、ご飯の炊き方や、野菜中心のメニューの気になるものだけでも、本書がご参考になれば大変うれしく思います。卵やお菓子などは、一度断つことで本物に出会いやすくなります。

マクロビオティックを続けてもっといい効果を得たい方に

　きちんと実践すると、やはりそれだけ大きな変化を体験できます。ただ、長く続けていくためには、バランスを理解しないと危険ですし、体の求めるバランスは、実は美味しさのバランスでもあり、それ抜きでは結局欲求不満になってしまうのです。

　また長年マクロビオティックをやっているのだけれど、どうもバランスが悪くて一定以上の効果が実感できない、逆に具合が悪くなってしまったという人も増えています。

　バランスをとるには、素材と調味料の陰陽、標準食、調理法の陰陽、さらには陰陽五行、それに基づく四季の陰陽、朝昼晩の陰陽、男女差をひと通り理解することが必要になります。

　しかし、そのバランスを一から勉強しなくても、とにかく、この通り作れば体の変化が実感できるレシピをとの願いをこめて、本書を作りました。もちろんバランスの要素は人それぞれ違いますが、試しに作ってみることで、「なるほど、いつも食感がワンパターンだったんだな」「色の陰陽ってこういうことか」「朝は確かにこういうほうが、調子がいいな」などと実感していただけることでしょう。それをもとに、ご自分にぴったりのバランスを見つけてください。

● この本の使い方

量と割合について

おおよそ、2人分を目安にしています。少食は、私たちを高める大切なカギです。食べ物を気にしないで元気な方は、大抵少食です。しかし、食べるものも量も一度に変えるのは難しい。この本では「忙しくても最小限の手間で作れること」を優先して書いていますが、ご自分に合わせて無理なく増減してください。味を濃くした方が量を減らせるときは、そのようにしてもOK（運動不足は過食の元に）。特に肉体をハードに動かす仕事の方、成長期（30歳くらいまで）の方には、量はより多く必要です。また写真の分量は必ずしも材料の½ではなく、スタイリングのために若干調整してあることをご了承ください。

材料と作り方について

美味しさを実現するために、できればオーガニックやそれに近い素材を使っていただくことをおすすめします。野菜たちが無理なら、調味料だけでもかえると、ぐんと美味しさがアップします。しかし、元気な素材たちが手に入らないときも、丁寧に作るか、漫然と作るかで、美味しさは全く変わってきます。どんなものでも、心を込めて作ることが一番の秘訣です。

元気で自然な野菜が手に入らないときのアドバイス

普通市販の野菜は、水分でかなり膨れており、傷みやすく、ぶよぶよしていることが多いです。したがって、加熱したり塩をふると、カサが減るので、レシピより量を増やす必要があるかもしれません。反対に水分はたくさん出ますので、シチューや煮物の際は入れる水の量を減らし、味は濃くします。

すぐに火が通り、くたっとなって歯ごたえがなくなりやすいので、加熱時間は短くする必要があります。ただし、あくや臭みは強いので、それをとばす時間は長くかかります。一度下茹でするなどの下処理が必要になることもあります。甘みやうまみは少ないですから、調理中の変化に一層気を配ってください。味付けも濃くしたくなるでしょう。油を入れてコクを求めたくなることもあるかもしれません。だしを濃くしたりごまなどを効果的に使うと満足しやすいです。

栄養素がオーガニックのものよりかなり少ないので、本能的

に満足感が薄れ、やはり肉がないと……、バターがないと……、と物足りなく感じるかもしれません。

　オーガニック素材と違い、腐りやすく傷みやすいです。まとめ買いができません。まめに買い足し、保存方法にもより気を配ってください。

味付けについて

　いい塩梅(調味の加減)を身につけることはとても大切です。マクロビオティックでは、味付けは「人生の味付け」ととらえています。素材の持ち味を抑えてしまうほど味を付けたものばかりを食べていると、すべての言動にやりすぎるようになったり、不必要に薄味で、ぼやけた味の物ばかり食べていると、人生すべてにあと一歩足りないようになり、またエネルギーも弱ったりします。味付けは本来、日々必要に応じて変えるべきものですし、素材によっても当然異なります。本書の分量は最初の手がかりとして、最終的にはそのときの必要量を自分で判断できるようになりましょう。また、1日の中で1品は、蒸し青菜など味付けせずに素材そのものを味わう料理をとりましょう。

●早く味覚を変えたい、マクロビオティックをやりたい人に

　濃厚な素材と調味料を探し、この本の通りに作って舌と体の変化を実感してください。体と舌の欲求が一致していきます。その後、毎日の体の陰陽の変化に合わせて加減していきましょう。

●ゆっくり変えたい、マクロビオティックが嫌いな家族に

　今の欲求に合わせて、まずは味付けを濃くしましょう。それでも手料理で、野菜や玄米、豆製品や伝統調味料を食べることはとてもよいことですし、無理強いは続きません。ちなみに私自身も、マクロビオティックを始めたとき、本書の2〜3倍の濃さからスタートしました。ただ、やはり濃いものを食べているとそれとバランスをとるために、本能的に油脂分やタンパク質の多いものや白砂糖、お酒、果物などが多く欲しくなります。最初は種類より質からよくしましょう。体の欲求と舌の欲求が一致してくると、食全体をストレスなく変えやすくなります。

　ただし男性は女性より濃いメニューやスープが必要です。特に味噌汁は、何かを中和したいとき、また電磁機器に多く触れる

方や冷え症の方は女性でもやや濃くしたほうがよいです。

調理中の思いや態度、作り手の波動も食べ物です

　同じレシピでも驚くほど作る人によって変わるのが料理です。考えすぎずに、とにかく丁寧に、素直に楽しく作りましょう。本当にそれだけで、うんと美味しくなります。調理がスムーズに運ぶように、キッチンは動きやすいように整えましょう。道具も少しずつ揃えていきましょう。包丁はよく研げていないと、素材にストレスがかかり、腸が弱りますし、うまく切れないと料理が楽しくありません。コンロが詰まっていると、いい火のエネルギーを入れられず、心臓が弱くなります。

　食べる人は、極端に言えば、作り手のエネルギーを食べています。例えばイライラして作ったものを食べるとイライラしやすくなります。姿勢を正し（陰陽のバランスがよくなります）、調理中、無駄な音や無駄な手、荒々しい態度・気持ちで、素材のバイブレーションを乱さないようにします。できるだけ素材も水も火も無駄にしないよう心がけましょう。

● **本書に出てくる用語について**

for strong rich
　刺激をプラスするアレンジです。レシピ通りだと物足りなくて続かなそう、というときの工夫です。

for mild rich
　ちょっと強いレシピをマイルドにしました。授乳中や排出中、体調を本当によくしたいときに変化させるポイントです。

for men
　男性のためのアレンジやワンポイントの例です。無理強いはせず、お好きな料理もつくってあげてください。白味噌スープは味噌汁の方が喜ばれやすいでしょう。

・・●**いきぬきメニュー**
　楽しみのためのメニューで常食向きではないメニューです。そうはいっても、現代の平均的な食生活に比べれば、うんとヘルシーです。最近人気の野菜料理の中でも、できるだけ体に負担をかけないレシピになっています。

● 献立のバランスについて

　献立のバランスの要素は無限にあります。最初の段階で、全ての理論を学ぶ必要はないと思います。とにかく作って食べてみて、感覚で理解していくことが近道の一つです。無限にあるバランスの要素ですが、本書では、以下の点にしぼりました（成人対象：25〜45歳くらい、日本）。

1. マクロビオティック標準食が示す、全粒穀物、スープ、温帯原産野菜、豆とその加工品もしくは植物性タンパク製品、海藻類、発酵食品、伝統調味料と必要な塩分を、成人に必要なバランスで摂取すること。必要な炭水化物、タンパク質、水分、ミネラル、ビタミン、繊維質、油脂類、カロリーを摂取し、過剰にならないこと。
2. ただし、本来の必要なバランスであれば、現代食になれた人には非常にストイックに感じることから、過剰になり過ぎない程度にタンパク質、油脂類、カロリー、また副食を増やし、欲求と理想の折衷点とする。
3. 極陰、極陽の素材は用いない。
4. 調理法も同様に、陰陽の強いエネルギー（冷凍する、ミキサーやオーブンの使用、揚げる、グリルする、干した物を直接食べるなど）は最低限にする。
5. マクロビオティック標準食の中でも、粘性を増し、排出を妨げやすい加工品、油、豆乳、ナッツ、粉物などは多用しすぎない。
6. 陰陽五行に基づき、①素材の陰陽と五行、②相性と相克、③五味＋淡味、④食感、⑤色と質感、⑥調理時間の長短、⑦調理方法（主として火の入れ方）、⑧刃の入れ方と形、⑨調味料の加え方と種類、⑩材料の数の対比、⑪日常食とオプション食の対比、⑫朝昼夜、春夏秋冬との調和のバランスを図る。
7. 男性には動物性食品（旬の魚他）が女性より必要だが、現代ではほとんど過剰のため、今回は植物性素材のみとする。女性も一時期完全菜食にしたのちは、自身に必要な卵、魚などの頻度、質、食べ合わせを模索するとよい（アスリート他特殊職業は別）。

春は、瑞々しいフレッシュな陰の気の食べものを増やします。ポイントはちょっと早めの立春から春メニューを取り入れること。
そうすると３月からしっかり春に合った体になり、ものごとが入れ替わる春ならではの流れに、スムーズに乗っていけますよ。
ただ、２月は寒さも残っていますから、そんな日はもちろん冬のメニューも食べてくださいね。
春は淡い薄味が大切なのですが、初心者で物足りない方は少し油や調味料を増やしてみてください。

spring

立春
（２月４日頃）

立夏
（５月５日頃）

1　2　3　4　5　6　7　8　9　10　11　12 月

spring day1 朝

spring day1 昼

organic base | table of spring 19

spring day 1
朝

まず敷居が高い、手間がかかるというマクロビオティックの固定観念を払いましょう！ ラフなメニューながら、朝に必要な発酵食品、フレッシュさ、良質な糖質や水分がきちんととれます。体に陰を入れて開きたい春なので、かんきつ系はおすすめ。ただし、毎朝ではさすがに体が冷えます。また、目がかゆい等のときは、果物や甘酒もがまん。味噌汁にしましょう。

オレンジ甘酒　..● いきぬきメニュー

2人分　　　みかんジュース（ストレート）……350cc　　　玄米甘酒……大さじ6　　　天日塩……ひとつまみ

1　材料をすべて混ぜて、できれば木のスプーンですくいながら食べる。

for mild rich ……　葛粉大さじ2を同量の水で溶き、みかんジュースとともに火にかける。フツフツしたらとろ火にしてかき混ぜながら4分煮る。最後に甘酒と天日塩を加えて1分煮る。

本書の「天日塩」と「自然海塩」の表記について

体への塩の影響力は大きく、摂る塩の種類をかえるだけで、むくみや顔色の悪さ、過食衝動、心臓の不調他が改善されることがあります。しかし塩の種類は、原材料から製造法まで含めると実に多様化しており、表記を一律にできなくなっています。そこで便宜上、この本では、味つけの際の塩は「天日塩」、野菜をゆでるなどの下処理には、もう少し安価な塩の意味で「自然海塩」と表記しています。
味つけには、「天日塩」または「低温熟成塩」のように、時間をかけてゆっくりと結晶化された、まろやかな味で、少量で素材のおいしさを引き出す塩がおすすめです。ただし「天日塩」と表記されていても、辛すぎる塩、または天日塩をにがりと融解再結晶させた塩ですと、のどが渇く、むくむ、体がほてるなどの症状があらわれ、おすすめできません。食べたときの体感も大事にしてください。食材の下処理には、ある程度自然な製法であれば、もう少し安価な塩でもいいでしょう。ただし、どちらも北半球の海水を原料にしたものを使います。
この本では「奥能登天然塩」を味つけに、「カンホアの塩」を下処理とスイーツに使っています。

spring day 1 昼

にんにくのかわりに玉ねぎの芯から出るコクと辛みを生かしたマイルドなペペロンチーノです。こんなふうに、精白麺と全粒麺と半々にすると食べやすさも増しますよ。旬の菜の花のほろ苦さは春には大切。苦みを少しとることで、体を冬用から春用に転換させてくれます。そのときに、冬に溜め込んだ余計なものを、便で排出させてくれるんです。陽性の有機にんじんは、白砂糖やコーヒーなどの極陰の排出や眼精疲労に効果抜群です。

菜の花の和風ペペロンチーノ

2人分　全粒パスタ　80g　玉ねぎ……1個（約120g）　オリーブオイル……大さじ1〜2　A ｜ 洗い白ごま　小さじ½
　　　　精白パスタ　80g　菜の花……2〜3本　　　天日塩……………適量　　　　　　　　｜ 麦味噌……小さじ2

1. 玉ねぎは、皮をむいて2mm厚さの回し切りにする。軸は落とさないこと。菜の花は葉を取り、茎は5mm幅で斜め切りにする。
2. 自然海塩適量（分量外）を入れて湯を沸かした鍋に、全粒パスタを入れ2分してから、精白パスタを入れ少しかために茹でる。
3. その間に、オリーブオイルと①の玉ねぎを入れ、弱火でじっくり熱する。油がふつふつしてきたら、天日塩少々をふる。
4. パスタ、菜の花、茹で汁少々にAを加えて手早くからめ、天日塩少々で味を調える。

for men ……… ちょっとのかつおぶしとつぶしにんにくを加えて、炒めてみてください。

にんじんのアプリコット煮

2人分　　にんじん……½本　　ドライアプリコット……1個　　天日塩……少々　　水……少々

1. にんじんは、縦半分に切ったら、2mm厚さの回し切りにし、天日塩をふる。ドライアプリコットを手で小さくちぎる。
2. 厚手の小鍋に①と水を入れ、中弱火にかける。沸騰したら弱火にし約13分蒸し煮する。ふたを開け、水分が残っていたら煮きる。

spring day 1 夜

春は麦の季節。適度に取り入れると肝臓が刺激され、血液がきれいになります。桜の花を混ぜ込んだら、見た目も香りも美味しい桜の花の玄米麦ご飯のできあがり。かぶはすりおろすと、冬の間に溜め込んでかたくなった脂肪や老廃物を溶かして流しやすくします。厚揚げとほっくりとした芽キャベツの食感が楽しいソテーは、2月の寒い立春頃なら、玄米甘酒を玄米水飴にかえるとよいでしょう。みそ汁のきのこは、動物性の脂肪を溶かしてくれます。

桜の花の玄米丸麦ご飯

2人分（+翌日分）

- 玄米 ……… 2合
- 丸麦（分づき）……… ⅓カップ
- 水 ……… 650cc
- 天日塩 ……… 少々
- 桜の花の塩漬け ……… 約20g

■ **下準備** 玄米と丸麦は洗って水に4時間以上つけておく（水分量、炊き方詳細はP216）。

1. 下準備したものに天日塩を入れて、通常通りに炊く。
2. その間に、桜の花の塩漬けを洗って水につけて塩抜きする。
3. 1が炊きあがったら、食べる分に塩抜きした桜の花を好みの分量混ぜる。

玄米と水の分量

本書のレシピの玄米は、ササニシキを使用しています。ですから、水の分量も浸水時間もササニシキ用です。お手持ちの玄米が、アミロースの割合が多いササニシキタイプの米ではなく、アミロペクチンの多いコシヒカリタイプの米の場合は、水の量を減らし、浸水時間も短くしてください。米と気候により変わるため美味しく工夫してください（玄米の選び方についてはP81参照。玄米の炊き方詳細はP216を参照）。

かぶのすりおろし麦味噌汁

2人分　　浸し水(昆布3×5cm) … 500cc (P25)　　かぶの葉 …… 少々　　麦味噌 …… 大さじ3
　　　　　かぶ ………… 1個　　　　　　　　　　えのきだけ 30g　　大葉 ………… 1枚

1. 浸し水を昆布ごと鍋に入れて弱火で煮出す。約10分後、昆布に泡がつく程度の火加減がちょうど良い。
2. その間にかぶを皮ごとすりおろし、目の細かいざるにあげて軽く汁けをきる(汁についてはP25)。かぶの葉は小口切りに、えのきだけは3cm長さに切る。大葉はせん切りにする。
3. 1の昆布を取り出し、えのきだけを加えて強めの中火で約2分煮詰める。鍋からすり鉢に汁少々を取り分けて麦味噌を溶かす。
4. 3の鍋に2のかぶのすりおろしとかぶの葉を加えて弱火で約1分煮る。溶かした麦味噌を回し入れる。
5. とろ火で2〜3分静かに煮たら、せん切りにした大葉を散らす。

芽キャベツと厚揚げの甘酢ソテー

2人分　　厚揚げ ……… 3/4枚　　天日塩 ……… 少々　　米酢 ……… 小さじ1/2
　　　　　芽キャベツ 4個　　　　玄米甘酒 大さじ3　　醤油 ……… 大さじ1

1. 口当たりをよくするために、玄米甘酒をこす。厚揚げはひと口大に切る(一般的なスーパーで売っているような厚揚げの場合は湯をかけて油抜きする)。芽キャベツは縦半分に切り、天日塩をふっておく。
2. 鍋に、1の厚揚げ、芽キャベツ、水小さじ2(分量外)を加えて中火にかける。沸騰してきたら火を弱めてふたをして、芽キャベツがほっこりやわらかくなるまで蒸し煮する。
3. 1の玄米甘酒と米酢を回しかけて、ふたをしないで少し煮たら、醤油を加えて煮きる。

spring day 1
夜

白味噌和え（男性：長芋わさび　女性：梅セロリ）

2人分(各1人分)

長芋わさび
- 長芋 ············ 70g
- わさび(粉末) ···· 小さじ½
- 自然海塩 ········ 少々

梅セロリ
- セロリ ·········· 50g
- 梅肉 ············ 小さじ1

（共用）
A
- 白味噌 ·········· 小さじ2
- 水 ·············· 小さじ2

1. 長芋はひげを焼いて、縦に約4㎜厚さの短冊切りにする。セロリも縦に約4㎜厚さの短冊切りにする。
2. ①をそれぞれ、自然海塩を入れた熱湯で1分弱さっと茹でる。
3. Aを1〜2分煮て2つに分け、わさびや梅肉とそれぞれ合わせる。
4. ②と③をそれぞれ合わせてしばらくおいてなじませる。冷蔵庫で、2〜3日間保存できる。

浸し水の作り方
麦茶用のポットや空き瓶などに水と昆布を入れて、3時間以上おきます。ひと晩おくと、なおうまみがよく出ます。冷蔵庫に入れておけば約2日間保存できます。干し椎茸の場合も同様です。

かぶのすりおろしの力
かぶのすりおろしの汁は、それだけを小鍋で煮つめて飲むと陰性の薬膳になります。利尿効果があり、締まりすぎた臓器をゆるめ、塩けを溶かします。目の下や下唇が黒ずんでいる人、いつも尿が濃い色で匂う人にはおすすめ。そして、立春を過ぎたばかりの2月には、かぶ、りんご、大根などをすりおろしたものを食べて不要な陽性さを排出し、肝臓・胆嚢を元気づけておくと、花粉症や五月病、春のだるさや眠気が軽減しますよ。

えのきだけは肉のつけ合わせに
えのきだけは極陰に近い食材です。余ったえのきだけは、外食で肉を食べた日や、肉好きの家族のつけ合わせとして活用しましょう。動物性の脂肪を溶かしてくれ、陰陽のバランスもとれます。

organic base | table of spring

spring day2 朝

spring day 2 昼

spring day 2
朝

朝ご飯にはやわらかい穀物が最適です。雑炊は四季を通じて出てきますが、季節に合わせて、素材や味噌の濃さ、だしなどを少しずつ変えていきます。これに、蒸し野菜（特に青菜）や、浅漬けが加わると理想のメニューです。また、味を濃くしないことも大切です。ところで、みなさん、毎朝ご自分の舌を見る習慣がありますか？　舌は胃腸の状態そのもの。きれいなピンク色で、まあるい形をしていたら合格。食事が変わると舌もきれいになりますよ。

味噌雑炊

2人分　　　乾燥わかめ‥少々　　　豆もやし……………25g　　　麦味噌………大さじ2
　　　　　水………400cc　　　　玄米丸麦ご飯（前日の余り）‥120g

1　鍋に乾燥わかめと水を入れる。
2　1を火にかけて沸騰したら、豆もやしを加えて中火の強火で1分煮る。
3　くずした玄米丸麦ご飯を加えて、弱火で約5分煮る。その間に、鍋からすり鉢に汁少々を取り分けて麦味噌を溶かす。鍋に回し入れて、とろ火で1〜2分煮る。このとき、好みでかぶの葉少々（分量外）も煮る。

かぶの塩もみ、とろろ昆布和え

2人分　　　かぶ（葉付き）……1個　　　自然海塩……大さじ½　　　とろろ昆布……2g

1　かぶは、5mm厚さの回し切りにし、葉は3cm長さに切る。
2　1に塩をふって、重しをして30分〜ひと晩おく。
3　2の塩けを水で洗い流して、とろろ昆布と和える。

spring day 2 昼

春にぜひとも食べたい麦ご飯ですが、年配の男性は嫌がることもあります。その場合は無理強いせず、少しずつ好みが変わるのを待ったほうがいいと思います。でも、こんなふうにとろろご飯にすると喜ばれることが多いので、ぜひ試してみてください。バルサミコソースは女性や若い男性が好きな味。でも、玉ねぎの甘みを上手に引き出せたら、何もかけず玉ねぎの甘みだけで十分満足できるようになります。そうしたら、このソースはなくてもOK。

麦とろろご飯

2人分　　玄米丸麦ごはん（前日の余り）……360g　　浸し水（昆布2×6㎝＋干し椎茸½枚）……400cc（P25）　　青海苔……適量
　　　　長芋……180g　　薄口醤油……大さじ1〜1½　　海苔……適量

1　浸し水を10分弱火にかける。10分で昆布に泡がつく火加減が良い。長芋はひげを焼いてすりおろしてから、すり鉢でする。
2　1の昆布と干し椎茸を取り出し、中火の強火で2〜3分煮つめる。薄口醤油を加え、とろ火で3〜5分煮る。
3　1のすり鉢に2を約150cc加えて長芋とすり合わせ、残りの2とともに麦ご飯にかける。青海苔やあぶった海苔を散らす。

note……残った昆布と干し椎茸は薄切りにして、醤油小さじ2で煮詰めて常備菜に。明日の昼のてまり寿司でも使います。2の醤油だしは、同じく明日のてまり寿司の菜の花の味つけに使えます。男性には1でかつおぶしを加えても。

わかめと玉ねぎのバルサミコソース和え

2人分
1　塩蔵わかめ12gは塩抜きして3㎝長さに、厚揚げ¼枚はひと口大に切る。玉ねぎ½個は2㎜厚さの回し切りに。天日塩少々をふる。
2　鍋に玉ねぎと水少々を入れ火にかけ、沸騰してきたら弱火に。ふたをして10分蒸し煮。わかめと厚揚げを加え、さらに2分蒸し煮。
3　別鍋でバルサミコ酢と水各大さじ1を半量まで煮詰め、醤油小さじ½を加えてさらにとろ火で約30秒煮て2にかける。

spring day 2
夜

グリンピースご飯は、多少色落ちしても、やっぱり最初からご飯と炊き込んだほうが美味しいですね。レモンシチューや黒ごまペースト和えは、乳製品が恋しい人のために考えたメニュー。レモンはオーガニックのものをぜひ使ってくださいね。乳製品が恋しくない方は、ここで具だくさん味噌汁でもOK。黒ごまペーストは、さまざまなペースト類（陰）の中でも、最も陽性でバランスがとれています。特に秋の終わりから春の初めにおすすめ。

グリンピース玄米丸麦ご飯

2人分　　玄米 ……… 1.5合　　浸し水（昆布3×3cm）… 500cc（P25）　　天日塩 ……… 小さじ¼
　　　　 丸麦 ……… 大さじ1　　グリンピース ……… 10さや

- 下準備　玄米と丸麦は洗って浸し水に4時間以上つけておく（水分量、炊き方詳細はP216）。
1. グリンピースは、下準備した米を火にかける直前に、さやから出して加える。
2. 下準備したものと1を火にかけて、沸騰してきたら天日塩を入れ、ふたをしめて圧をかける。圧がかかってから23分炊く。後は通常通り。

絹さやの黒ごま和え

2人分　　絹さや ……… 10枚　　黒練りごま … 大さじ2　　醤油 ……… 小さじ2　　米飴 ……… 小さじ1〜2

1. 絹さやは筋をとり、端を切って色よくさっと茹でてざるにあげる。
2. 黒練りごまを大さじ1〜2の水（分量外）と小鍋に入れ、かき混ぜながら醤油、米飴を加えて煮溶かす。
3. 1を2で和える。

春野菜のレモンシチュー

2人分　　キャベツ……260g（大3枚）　　パセリ……5g　　乾燥わかめ……ひとつまみ　　薄口醤油……適量
　　　　　セロリ……60g（大1本）　　　レモン……½個　　白味噌……小さじ2　　　　　白ごま油（またはオリーブオイル）
　　　　　テンペ……100g　　　　　　　豆乳……500cc　　天日塩……適量　　　　　　　　……大さじ1弱

1. キャベツは、1枚ずつはいで重ねてせん切りにする。セロリは5cm長さの短冊切りにする。それぞれに天日塩少々をふる。テンペは1.5×3cmくらいに切る。パセリは飾り用を少し残してみじん切りにする。レモンは5mm厚さの薄い回し切りにする。
2. フライパンに白ごま油を入れて温め、1のテンペの両面を焼いて端に寄せる。あいたところで1のパセリを甘い香りがするまで炒めて合わせる。
3. 厚手の鍋に、1のセロリとキャベツと水小さじ2（分量外）を入れて中火にかけ、沸騰したら、1のレモンと2を加えてふたをして、約25分、野菜が十分にやわらかく甘くなるまで蒸し煮する。
4. 別の鍋に豆乳と乾燥わかめを浸しておき、中火で温める。湯葉ができたらすくいとる。
5. 3に4と白味噌を溶いて加え、とろ火で3分煮て、天日塩、薄口醤油で味を調える。
6. 器に、5をよそい、残しておいたパセリを飾る。

for men……最後に黒ごま油とゆずこしょうを少々プラスしてみてください。魚の塩麹漬け焼き等を添えてもよいでしょう。
note……4の湯葉はポン酢などをかけて食べると美味しい。ただし、陰性な脂質が多いため、鼻詰まり、目のかゆみ、目のトラブルに悩む人には向いていません。

● オンナラシサ・オトコラシサ

　マクロビオティックに移行するとき、たいがいは、女性が料理を担当するため、女性が好きで男性が苦手な味を「マクロビオティック」と思い込まれることも少なくないようです。男女は同じ人間ですが、やはり大きく異なっていて、必要な料理は少し違うのです。この本では、「for men」というように、男女の違いの調整も少しずつ紹介しています。それによって、互いの良さを生かし、惹かれあい続けることができるからです。

　違う2人が、同じ物を食べることで、同じ細胞と気ができます。するとかけがえのない一体感、親近感を共有できます。

　でも、緊張感がなくなりすぎても困りますよね。すごく太ったり、トイレが臭かったり、キスはうれしいんだけど、あまりにも匂いが……という些細な悩みが、だんだん大きなストレスになることもあるから、夫婦って不思議です。マクロビオティックは、体を中からも外からも大掃除してくれます。自分だけでなくパートナーも若返り、口臭、体臭、いびき、おならというものがなくなるのはうれしいことです。

　加えて、ベースは同じながら、ちょっとの違いを際立たせることで、ちょうど、磁石のプラスとマイナスのように、気や波動が引き合います。

　男らしさのもとは、適度な陽性さです。強い眼差し、引き締まった唇や顔つき、精悍さ、社会への意志などを生み出します。女らしさのもとは適度な陰性さで、ぱっちりした目、胸のふくらみ、仕草のやわらかさなどを生み出します。極陽の取りすぎは、男女とも猛々しく攻撃的にします。極陰の取りすぎは男女とも弱気に、優柔不断にします。

　マクロビオティックを取り入れていく段階では、夫婦でも反応に差があるものです。女性がまず、取り入れることが多いので、いっしょにスタートできなくても焦らないでください。何よりも大切なことは、相手が、そのご飯やおかずを美味しくて、楽しくて食べたくなることだと思います。相手の好きな料理を一生懸命作ろうとすることは、いつの間にか相手を理解することにつながります。それが親や子供や友人であっても。そして、実は、作る人間にとっては、その作業自体が癒しになり、浄化されているのです。いきなり、食卓をマクロビオティック一辺倒にするのではなく、少しずつ増やしていくこともコツ。どうぞ「美味しい」のひと言が聞けますように。

spring day 3 朝

spring day 3 昼

organic base | table of spring 35

spring day 3
朝

甘酸っぱく、とろっとして女性や子供向けのメニュー。でも、精白している穀物＋果物ですからオプションです。もちろん、年配男性や酸っぱいものが嫌いな子供の初マクロビオティック食として出さないでくださいね！　オートミールは、春や朝にぴったりの軽いエネルギーが魅力です。春や朝は、エネルギーを溜め込むのではなく、体がふわっと浮き上がるような、軽い上昇する気を取り入れます。気持ちも雰囲気も若返って軽やかになりますよ。

オートミールのみかんジュース粥 ..● いきぬきメニュー

2人分　　オートミール (砕いてあるタイプ) …… 30g　　天日塩 ……… 少々
　　　　　みかんジュース (ストレート) ……… 250cc

① 小鍋に材料をすべて入れ、中火にかける。
② 沸騰する直前に弱火〜とろ火にして、木のスプーンなどで時々かき混ぜながら4〜5分煮てできあがり。

for men ……… 若い男性や嫌がらない方は、上記のメニューでOKです。苦手という方には、お味噌汁を作ってあげてください。

spring day 3 昼

我が家の現実なら、前夜のグリンピースご飯に蒸し野菜か炒め物がつくところでしょうか。でもせっかくなので、春の行楽シーズンにうれしい、てまり寿司をご紹介。具は、ほろ苦さ、酸っぱさ、甘み、わずかな辛さ、しょっぱさなど、エネルギーが偏らないようにしています。また、おむすびは、竹の皮に包むと余計な水けを吸ってくれるため、湿度の高い日本でも、ご飯が傷みにくく美味しくいただけます。竹の皮は洗って、何度か使えますよ。

春のてまり寿司

8〜10個分（+夜と翌昼のご飯分）

玄米	1½合
丸麦	大さじ6
水	500cc
天日塩	少々
干し椎茸(前日昼に戻したもの)	1枚
醤油	小さじ2
菜の花	1本
醤油だし(前日の麦とろろご飯の残り)	適量
かぶ	1個
梅酢	大さじ2
ラディッシュ(葉付き)	1個
玄米甘酒	大さじ1〜2

- **下準備** 玄米と丸麦を水にひと晩つけておく（水分量、炊き方詳細はP216）。前日昼にだしをとった残りの干し椎茸1枚を薄切りにして、醤油で煮詰めておく。
1. **酢飯を作る。** 下準備したものに天日塩を入れ、通常通りに炊く。炊きあがったご飯を飯台に移し、炊いたご飯の約半量にすぐに梅酢大さじ1を回しかける。
2. **具を作る。** 菜の花を食べやすい大きさに切ってからさっと塩茹でして、水けをしぼる。昨日のとろろめしの醤油だしに浸す（男性は好みで辛子を溶いて加えてもよい）。
3. かぶは2mm厚さの回し切りにして、さっと茹で、梅酢大さじ1に浸しておく。
4. ラディッシュは1mm厚さの輪切りにして、葉もさっと茹でる。根の部分は3に、葉は玄米甘酒に浸しておく。
5. ラップか、かたくしぼったガーゼに好みの具を置く。その上にてまり寿司1個分のご飯を置いて丸くまとめ、最後にしぼるようにしてにぎる。

spring day 3
夜

きのこには動物性の脂肪を溶かしだす力があります。肉類に近い風味があり、ソテーするとハムかベーコン風の味。珍しく、調味料たっぷりのストロングメニューです。長年ベジタリアンできのこも肉も欲しくないという方、特に女性は無理に食べる必要なし。セロリのソテーは、セロリのもつ陰性さが春にふさわしく気を開放させるので女性向け。ソテーの食感だけだと陽性すぎますが、あんかけのとろっとした食感が加わるとバランスがよくなります。

玄米丸麦ご飯

1　昼に炊いた玄米丸麦ご飯の余りを、経木や無漂白のオーブンシートの上に置いて、せいろで蒸してふっくらと温めなおす。

note ……… ご飯を蒸しなおすときに、おかずの豆腐やかぶを同時に別の段で蒸すと便利。翌日昼のおむすびを作っておいてもよい。

豆腐とかぶのあんかけ

2人分　　豆腐（木綿）…… ¼丁　　　桜の花の塩漬け‥ 4個　　　　　　　葛 ………… 大さじ1
　　　　　かぶ ……… 1個　　　　天日塩 ……… 少々　　　　　　　　　薄口醤油 …… 小さじ2
　　　　　絹さや ……… 4〜6枚　　浸し水（昆布3×6㎝＋干し椎茸½枚）…… 300cc (P25)

1　豆腐は、3×3㎝くらいに切り、かぶは1.5㎝角のさいの目切りにする。それぞれに天日塩少々をふり、蒸気のあがったせいろに置き約5分蒸す。蒸した残り湯で、絹さやをさっと（約1分）茹でる。桜の花の塩漬けは洗って水に浸して塩抜きしておく。
2　浸し水を昆布と干し椎茸ごと弱火にかけ、約10分煮出す。中身を取り出し強火で煮詰める。葛を大さじ3の水（分量外）で溶く。
3　2を弱火にし、薄口醤油、水溶き葛を加えて3〜5分かき混ぜながら煮てとろみをつける（干し椎茸と昆布は小さく切って、鍋に戻してもよいし、別に佃煮などにしてもよい）。器に桜以外の1、水けをふいた1の桜を入れて、あんをかける。

キャベツとにんじんの味噌汁

2人分　　乾燥わかめ　10cm　　キャベツ ……… 40g　　麦味噌 ……… 大さじ2
　　　　 水 ……… 450cc　　　にんじん ……… 60g　　レモンの皮、大葉 ……… 各少々

1. 鍋に水と、小さめにちぎった乾燥わかめを入れてつけておく。
2. キャベツは1cm幅で食べやすい長さに切り、にんじんは、約3mm厚さの斜め薄切りにしてから細切りにする。
3. ①に②のにんじんを入れて中火にかけ、沸騰したらキャベツを加えて弱火にし、約10分、ふたをせずコトコト野菜の甘みがよく出るまで煮る。その間に、鍋からすり鉢に汁少々を取り分けて麦味噌を溶かす。
4. 鍋に、溶いた麦味噌を回し入れたら約2分煮る。
5. 食べる直前に器によそい、女性はレモンの皮、男性は大葉のせん切りをのせる。

note ……… 男女で最後に添える薬味を変えます（P33参照）。女性はレモン、男性は、レモンよりは陽性な大葉を。

spring day 3 夜

エリンギ&セロリのソテー

2人分　　エリンギ……2本　　　　　麦味噌……大さじ1
　　　　　セロリ………1本　　　　　醤油………小さじ1
　　　　　天日塩………少々　　　A　マスタード…小さじ½
　　　　　ごま油………大さじ1　　　メープルシロップ…小さじ½
　　　　　　　　　　　　　　　　　水…………小さじ2

1. エリンギは3mm厚さで縦に切る。天日塩少々を全体にふってよくなじませておく。
2. セロリは葉をとり、茎は、約2×8cmで縦に切る。
3. フライパンにごま油を入れて熱し、1の両面をサッと焼きつけ端に寄せる。あいたところに2のセロリを入れてさっと炒め、ふたをして約5分蒸し焼きにする（焦げそうになったら、途中で水を少々足す）。
4. その間にAをすり鉢などですり合わせておく。
5. 3のエリンギに4の3分の2をかけ、セロリに3分の1をかけたら、それぞれ全体をさっと混ぜてなじませる。約1分火を通したらすぐに器に盛る。

note……エリンギのかわりに、1日目夜の味噌汁で使ったえのきだけの余りをいっしょに炒めても美味しいです。えのきだけは余ったら天日干しすると長く保存できます。
　　　　　明日のお粥の下準備をしておくとラク。

spring day 4 朝

spring day 4 昼

organic base | table of spring

spring day 4
朝

今日は、理想の朝ご飯のフォームをご紹介します。生米から炊いたお粥と、お味噌汁、蒸したもの、あるいは陰の要素をもつもの（茹でたものか浅漬け）と発酵食品の要素が加わっていること、です。朝ご飯は、エネルギーに変わりやすいものであることと、食べすぎないことも大切。やってみると、一段と調子がいいのが実感できるでしょう。お粥は面倒なようですが、前夜から用意しておけば火にかけるだけなので、実は簡単です。

朝粥

2人分　　玄米……… ¼合　　水……… 500cc　　天日塩……… 少々　　ゆかりやごま塩……… 好みの分量

◆ 下準備　玄米は洗って圧力鍋に入れ、水にひと晩つけておく（炊き方詳細はP216）。

1　天日塩を入れて圧力鍋を火にかける。弱火で炊く時間は30分。最後は強火にしなくてもよい。器によそいゆかりなどを散らす。

豆腐と芽キャベツの味噌汁　&　かぶとかぶの葉のボイル

2人分　　乾燥わかめ……… 6cm分　　豆もやし……… 25g　　万能ねぎ……… 適量　　自然海塩……… 少々
　　　　　水……… 400cc　　芽キャベツ 2〜3個　　かぶ……… 1個
　　　　　豆腐（木綿または絹）……… ¼丁　　麦味噌……… 大さじ2　　梅酢……… 小さじ2

1　鍋に乾燥わかめを手で割りながら入れ、水も入れてつけておく。
2　豆腐をさいの目切りにする。1の鍋に豆もやしを入れ中強火で1分煮る。半分に切った芽キャベツも加え中弱火で約3分煮る。
3　すり鉢で汁少々と味噌を溶き、鍋に回し入れる。豆腐を加えとろ火で約2分煮る。器によそい、小口切りした万能ねぎをふる。
4　かぶは3mm厚さの回し切り、かぶの葉は3cm長さに切る。約2分塩茹でして盆ざるにあげ粗熱をとったら、梅酢をふる。

spring
day 4
昼

おむすびは、手のひらを通じてその人のバイブレーションがそのまま宿るので、心を静めて、大切にむすびます。炊きたての熱々をむすぶのが一番ですが、冷やご飯からは蒸しなおしてすぐむすぶのがベターです。おむすびは、漢字で書くとお産霊です。"むす"とは生まれるという意味。ムスヒメ、ムスヒコが娘、息子という言葉になったとか。上下、左右という陰陽が合わさって、新たなエネルギー、パワーがそこに宿り生まれるのです。

おむすび

好みの分量

1. 温めなおしたご飯、または通常通りに炊いたご飯(P216)に、とろろ昆布適量と塩抜きした桜の花の塩漬け少々を混ぜて、むすぶ。

蒸し野菜 & ピーナッツバターのディップ

2人分　　春キャベツ　約1/2個　　　天日塩　　適量　　　　　　麦味噌　　大さじ1
　　　　　にんじん　　約5cm　　　　パセリ　　少々
　　　　　スナップえんどう　6本　　ピーナッツバター　大さじ3

1. 春キャベツは1cm厚さの回し切り。にんじんは縦半分に切ってから、約1cm幅の回し切りにする。スナップえんどうは筋をとる。それぞれに天日塩をごく少々をふる。
2. 蒸気のあがったせいろに1を並べて、約8分蒸す。
3. パセリはみじん切りにし、ピーナッツバター、麦味噌とすり鉢ですり合わせ、大さじ1の水(分量外)を少しずつ加えて溶く。
4. 3を小鍋に移して、2〜3分弱火で煮て2に添える。

note　シンプルな蒸し野菜だけで満足できない場合も、ディップを添えると満足しやすくなります。

spring day 4
夜

今晩もデトックス力たっぷりの献立。野菜は、1日を通じて上昇する野菜（陰）＝おかひじき、丸い野菜（中間）＝レタス、玉ねぎ、下降する根菜（陽）＝にんじんをバランスよくとります。春は、なかでも上昇と丸い野菜多めが基本。ただし、乳製品や精製糖の入ったスイーツ（極陰）をたくさん食べてきて水太りの人、花粉症、近視に悩む人は、春もにんじんなど根菜をしっかりとりましょう。あらめと納豆とにんじんの組み合わせは疲れ目にいいですよ。

豆もやしご飯

2人分（＋翌日分）　　玄米……2合　　水……500cc　　豆もやし……45g　　天日塩（または薄口醤油）……小さじ½

🍲 **下準備**　玄米を洗って水と合わせて鍋に入れて、4時間以上つけておく（水分量、炊き方の詳細はP216）。

1. 下準備したものを圧力鍋に入れ、中火にかける。沸騰してきたら、豆もやし、天日塩を入れてふたをして、通常通り炊く。天日塩ではなくて、薄口醤油小さじ½でも美味しいです。

レタスと玉ねぎのくたっと煮スープ

2人分　　玉ねぎ……1個　　レタス……170g　　水……500cc　　天日塩……少々

1. 玉ねぎは皮をむいて、約2mmの回し切りにする。レタスも幅広の回し切りにする。
2. 鍋に1と水を入れて中火にかける。
3. 沸騰してきたら弱火で約10分コトコト煮て、甘みを引き出す。
4. 天日塩を入れて、とろ火で3分煮る。味見をして、足りなければさらに天日塩少々を加えて味を調える。

あらめと納豆のお焼き

2人分　　刻みあらめ……7g　　天日塩………適量　　醤油…………小さじ½〜1　　ごま油………小さじ2
　　　　　にんじん………30g　　納豆…………90g　　全粒薄力粉…大さじ1

1. あらめは洗ってざるにあげておく。にんじんは、2mm幅の斜め薄切りにしてからせん切りにし、天日塩少々をふっておく。納豆は大粒のものは粗みじんに切る。
2. 鍋に、あらめとひたひたの水（分量外）を入れ、1のにんじんも加える。中火で沸騰させたら、天日塩ごく少々をふりかけ、弱火にして、ふたをしてコトコト（約12分）煮る。
3. にんじんがやわらかくなって、十分甘くなったら、ふたをとって醤油を入れて煮きる。
4. 3をボウルに移して粗熱がとれたら、納豆と全粒薄力粉を入れてひと口大にまとめる。
5. フライパンにごま油をひき、熱して、4の両面をこんがり焼く。

おかひじきの梅和え

2人分　　おかひじき…40g　　白煎りごま…大さじ1　　梅肉………1個分　　水…………少々

1. おかひじきは洗ってざく切りにし、熱湯で約3分ゆでる。盆ざるにあげて粗熱をとる。
2. すり鉢で煎りごまをすり、梅肉を合わせてさらにする。水を加えて、さらにペースト状にする。
3. 2で1を和える。

● 排出と好転反応について

　マクロビオティックを実践すると、色が白くなった、落ち込まなくなった、生理痛がなくなったなど、たくさんのうれしい変化があることと思います。しかし同時に一見ネガティブな形の変化も訪れることがあります。「排出」ともいわれる好転反応です。特にきちんと実践しだすと、体は地殻変動とも呼べるような変化を起こし始めます。細胞一つ一つが引き締まり、秩序だって並び始めます。体の歪みは是正され始め、歯並びや骨格、身長まで変化し始め、同時に体のあちこちから「排出」現象が起こります。

　老廃物や溜め込んでいた不要なものは、一度血液に出て、それから、尿や便、呼吸を通して排出されます。しかしそれで排出しきれないものになると、肌や目、耳、鼻といった開いたところからも出てきます。特に、朝や春といった排出の時間、時期はそれが顕著です。

　例えば、耳からドロドロしたものや塊が出てから鼻炎や脳の働きがよくなることがあります。眼やにが止まらなくなって、数日後、視力がグンと上がったり、ものすごい量の鼻水が出続けてそののち、鼻詰まりがよくなるのはもちろん、顔や指の形が変わります。一気にほくろが増えてその後なくなることもあ

ります。ほかにも、ひん尿、宿便が出る、汗、だるくて仕方ない、眠い、発熱、頭痛、咳、体毛が抜ける、一時的な体臭、一時的に痩せる、生理が半年ほど止まる、などもありますし、精神面の排出もあります。

　やっかいなことに、排出の時期は体に負担をかけるものをむしろ食べたくなります。昔食べた肉や砂糖、乳製品などでできた老廃物が一度血液に出て、体も脳も巡るので、急にいろいろなものが欲しくなってしまうんですね。妊娠中も、排出が強まるため、同じようなことが起こります。

　排出のときは、陰陽が強いもの（P215参照）や油、刺激物、精白食品、粉もの、ナッツや果物などのオプション食品（P211参照）はできるだけさけます。この時期は、とくにシンプルなメニューにしたほうが回復が早くなります。味付けも「mild rich」を参考にしてください。「いきぬき」メニューは避けましょう。また、陰陽は、排出やトラブルを中和するときにも役に立ちます。P214に簡単な対処法をまとめましたが、慣れてくると、より直観で対処できるようになります。排出期はいわば新しい自分を生み出すための陣痛の時期。どうかできるだけリラックスして楽しめるような工夫をしてみてください。

spring day 5 朝

spring day 5 昼

organic base | table of spring

spring day 5
朝

良い陰性さを多くもった麦のお粥は、玄米を重く感じるときに最適です。陰性さがよく働くと、視野が広がり思考が前向きで柔軟になります。つい過去に固執したり、頑固になって、批判的になってしまうときにもぜひ。顔色や手が黄色がかったり、爪が弱い人にもいいですよ。副菜は梅干しソースがそら豆の甘みを引き立て、ほっこり春の味がします。ソースは、お粥のねばねばを入れてのばしただけ！と簡単です。

麦のお粥

2人分　丸麦……1/4カップ　浸し水 (昆布3×3cm)……500cc (P25)　セロリ……1/5本　天日塩……少々

● 下準備　丸麦は洗って浸し水といっしょに圧力鍋にひと晩つけておく（炊き方詳細はP216）。
① セロリは3mm厚さの斜め薄切りにする。下準備したものに（昆布ごと）、セロリを入れて、天日塩をふる。
② 弱火で炊く時間は、25分。最後は強火にしなくてもよい。火からおろして5分蒸らし、ふたを開けて器に盛る。

note……押麦は精白してあるので丸麦をおすすめしています。ない場合は押麦でもいいですが、かたまりやすく甘みが落ちます。

ボイルグリーンの梅粥ソース

2人分　かぶの葉……1個分　自然海塩……少々　麦のお粥の上澄み……大さじ1
　　　そら豆……4さや　梅肉……梅干し(大)1/4個分

① かぶの葉は3〜4cmの長さに切る。そら豆はさやをむく。端に切り目を入れるとはじけにくい。
② かぶの葉は約2分、そら豆は約4分塩茹でして盆ざるにあげる。梅肉をすり鉢ですり、粥の上澄み少々でのばしたものをかける。

spring
day 5
昼

玄米ご飯の面白いところは、主食になるだけではなく、おかずの具のようにも使えること。栄養やうまみたっぷりで、それだけでもしっかり美味しいのに、あらゆる食材と調和します。そんな玄米の気を毎日取り入れていくと、同じように、自立していながら、さまざまな環境や他人と調和できる性質を持った人になれる気がします。生レタスと生春巻きという陰どうしを合わせた料理は、暖かくなっていく春に適したレシピです。

生春巻き ..● いきぬきメニュー

4本分　　　生春巻きの皮 ………… 4枚　　　レタス ………… 4枚
　　　　　　豆もやしご飯（前日の余り）… 140g　　ピーナッツバター（または、下記の白練りごまディップ）… 大さじ4

① 生春巻きの皮1枚を水に浸して、ぬれ布巾の上に置く。
② レタス1枚分を適当な大きさにちぎって、生春巻きの皮の上に縦に長く広げる。手前のほうに、豆もやしご飯半量を細長く置き、その上に、ピーナッツバターかごまディップ¼量を置いて、両端を折り込み、くるくると巻いていく。残りも同様に作る。

白練りごまディップ

作りやすい分量　　白練りごま …… 大さじ3（好みで、玄米もち米酢小さじ2を加える）　　水 ……… 大さじ1〜2
　　　　　　　　　醤油 …… 大さじ1

① 小鍋に白練りごまと醤油を入れて合わせる。
② ①をとろ火にかける。水を少しずつ加えながらかき混ぜ、なめらかになるまで煮る。冷蔵庫で3〜4日間保存できる。5日目夜の「蒸しキャベツのひと口てまり」にも、よく合います。

spring
day 5
夜

玄米を浸水し忘れた！　というときにも便利なパエリアをご紹介します。春のキャベツは上手に蒸すとびっくりするほど甘くなります。キャベツは胃や脳、胸にもいいのですが、栄養成分だけでなく、こういう穏やかな甘み自体が健康には本当に大切です。それに、このような甘みがないと砂糖が欲しくなります。パセリや煎りごまのわずかな苦味が、甘みを引き立てるのです。ラディッシュの葉があまりに可愛らしく、切らずにおすましにしました。

玄米とレンズ豆の黒いパエリア

2人分　　玄米　　　0.8合　　　　グリンピース　　　5さや　　　　醤油　　大さじ1　　オリーブオイル　適量
　　　　　レンズ豆　大さじ1½　　浸し水（昆布2×6㎝）350cc（P25）　天日塩　少々

1. 玄米は洗って、余計な水けを切る。オリーブオイルを軽く温めたフライパンで、弱火でゆっくり約4分炒める（はじけたり、きつね色になるのは炒めすぎ。少し色が濃くなっていい香りがするくらいが目安）。浸し水を昆布ごと別鍋で温める。
2. 1のフライパンにレンズ豆とグリンピースの実を入れて、温めた浸し水も加える。昆布は小さく刻んでフライパンに戻す。
3. 2を中火にかけ沸騰してきたら天日塩を加えて、ふたをし、中弱火で煮る（目安5〜10分）。
4. 表面の水けがお米から高さ1㎝になったら、醤油を鍋肌から回し入れて全体をゆすり、弱火にして、きっちりふたをして約30〜35分煮る。
5. 最後にふたを開けて中火にして水分をとばし、木べらで上下を返してできあがり。

for strong rich ―― 煎ったくるみを刻んでいっしょに炊く。米飴大さじ1、薄口醤油大さじ1も加え、最後にマスタード少々を。
note ―― 具を変えれば、四季で楽しむこともできます。

ラディッシュの簡単おすまし

2人分　　　乾燥わかめ……… 3g　　　ラディッシュ（葉付き）……… 4個　　　薄口醤油……… 大さじ2　　　水……… 350cc

1　乾燥わかめと水を小鍋に入れておく。
2　ラディッシュの葉を取る。実は4つ割りにして1に入れて煮る。やわらかくなったら、薄口醤油を入れてとろ火で3分煮る。
3　最後にラディッシュの葉を散らして1分煮る。

for men ……… 削り立てのかつおぶしを少々散らす。

蒸しキャベツのひと口てまり

好みの分量　　　キャベツ……… 好みの分量　　　パセリ……… 少々　　　　　　天日塩……… 少々
　　　　　　　　白煎りごま……… 少々　　　白練りごまディップ（P53）……… 少々

1　キャベツをせん切りにする。天日塩少々をふり、蒸気のあがったせいろに置き、8〜10分やわらかくなるまで蒸す。
2　1をガーゼやラップなどでしぼり、てまり形にする。
3　2のラップをはずして器に盛ったら、白煎りごまや、パセリ、白練りごまディップをトッピングする。

note ……… このメニューは、美味しい！と感じたらたくさん食べて大丈夫です。
for men ……… 油あげ、長ねぎ、しょうが、ごま等をごま油多めで炒めた別メニューをプラスしましょう。

● 肉や乳製品抜きでタンパク質やカルシウムは足りるの？

　マクロビオティックを知ったとき、「動物性食品なしで、タンパク質とカルシウムはどこからとるの？」と不安を感じる方は多いようです。玄米や味噌にも、タンパク質はかなり含まれています。下記は、マクロビオティックで用いる食材の一部と牛乳や肉類のカルシウム、鉄分、タンパク質の含有量の一覧表です。さらに繊維質、エネルギー、脂質（脂肪）も合わせて比較してみると、植物性の食材や海藻は、低カロリーで脂肪は少なく、しかも栄養素もよくとれることがわかります。誤解しないでいただきたいのですが、コレステロールも脂肪も、本来は必要な成分です。ただし、現代人はとかくとりすぎてしまっています。まずは動物性食品は減らすか断ってみましょう。その後菜食ベースに適量の魚やかつおぶし、平飼いの卵を旬に。

(100gあたり)	カルシウム (mg)	鉄 (mg)	タンパク質 (g)	エネルギー (kcal)	コレステロール (mg)	脂質 (g)	繊維総量 (g)
普通牛乳	110	Tr*	3.3	67	12	3.8	0
ヨーグルト全脂無糖	120	Tr*	3.6	62	12	3.0	0
レバーペースト（豚）	27	7.7	12.9	378	130	34.7	0
豚バラ脂身付き（生）	3	0.6	14.2	386	70	34.6	0
全卵（生）	51	1.8	12.3	151	420	10.3	0
糸引き納豆	90	3.3	16.5	200	Tr*	10.0	6.7
ごま（乾）	1200	9.6	19.8	578	0	51.9	10.8
かぶの葉（生）	250	2.1	2.3	20	0	0.1	2.9
ひじき（乾）	1400	55.0	10.6	139	1	1.3	43.3
切り干し大根	540	9.7	5.7	279	0	0.5	20.7

*Trとは測定不可能な微量な分量のこと

出典：五訂食品成分表

organic base | table of spring

spring sweets 1

spring sweets 2

organic base | table of spring

寒天を使ったスイーツは一気に体をゆるめてくれます。ストレスの緩和にもいいんですよ。寒天は、米飴と陰陽のエネルギーが好相性！ マクロビオティックをやっていくうえで、ぜひとも知っておきたいクスクススイーツもご紹介します。また、ナチュラルスイーツのスタートは、まず果物を煮ることをおすすめします。真っ赤ないちごがなんとも可愛い！ 本当のいちごの美味しさを知るために、ぜひオーガニックや自然本来の食材を使ってください。また豆腐クリームは、クリーミーなものが食べたいときに。しっかり水きりするのが豆腐臭さを抜くポイントです。

spring sweets 1

寒天甘酒ゼリー

2人分　　棒寒天 …… 5g（½本）　　米飴 …… 大さじ2　　A [玄米甘酒 …… 50cc
　　　　 水 …… 500cc　　　　　　 甘夏 …… 1個　　　　 水 …… 25cc

● **下準備**　甘夏は皮をむいて房から出し、乾燥しないようにして冷蔵庫で冷やす。棒寒天は、できればひと晩、少なくとも1時間たっぷりの水（分量外）につけて戻す。

1. 水気をしぼりちぎった棒寒天を分量の水に入れて火にかけ、沸騰したら、弱火（クツクツ泡立つくらいの火加減）で、時々かき混ぜながら15分以上煮る。
2. 火を止めた1に米飴を入れて全体を混ぜ、バットなどに移して冷やしかためる。
3. Aは、玄米甘酒に粒があればミキサーにかける。
4. グラスに、むいた甘夏、スプーンですくった2と3を交互に入れる。好みでミントを飾る。

spring sweets 2

クスクスのケーキ

4個分（直径6cmの型）
※型はミニグラスでも可

A ｢ 寒天パウダー 小さじ¼
  ｜ 水   100cc
B ｢ レーズン   ½カップ
  ｜ 水   300cc

C ｢ 全粒クスクス   ½カップ
  ｜ りんごジュース（ストレート） 300cc
  ｜ 水   100cc
  ｜ 天日塩   少々

ローストアーモンド 20g
玄米甘酒   100cc

● **下準備**　Aを合わせてふやかしておく。Bのレーズンは細かく刻み水に浸しておく。

1. **レーズンペーストを作る。**Bを火にかけ、沸騰したら中弱火でグツグツ煮る。最後は弱火で煮きる。
2. **ケーキの土台を作る。**ローストアーモンドは厚めに切り、Cと合わせて小鍋に入れ火にかける。沸騰したらふたをして弱火～とろ火にして15～20分、焦げないように煮る。
3. ②が熱いうちに、型の半分の高さまで敷き詰める。スプーンで押して表面をならす。
4. ③の上に①をのせる（飾り用に少し残しておく）。さらに、②の残りを型の上から1.5cmくらい下まで詰める。
5. ふやかしたAを約5分、弱火で煮てよく煮とかす。玄米甘酒を入れて混ぜ、少し煮る。
6. ④の上に⑤を入れて、④でとっておいた飾り用のレーズンをトッピングして、粗熱がとれたら冷蔵庫で30分以上冷やす。

ベークしたお菓子を食べる量は減らそう

粉や油脂を混ぜてベークしたものは、とてもリッチな味わいで満足感を与えてくれますが、食べすぎると体にいろいろなものを溜め込みやすく、疲れやすくなってしまいます。例えば肌や唇から透明感がなくなり、荒れやすく乾燥しやすくなったり、排出の力が弱って便秘がちになったり、ストレスを抱え込みやすく、胃も弱くなります。産婦さんは母乳が出にくくなって乳腺炎になりやすくなります。特に春には、ベークしたものは合っていませんので、ケーキが食べたくなったら、クスクスのケーキを作ってくださいね。

spring sweets 3

いちご煮

作りやすい分量
いちご ……………… 200g
甜菜糖 …………… 大さじ3
天日塩 …………… 少々

1. 800ccの水（分量外）に塩小さじ½（分量外）を入れ、いちごを入れしばらく浸す。取り出し、さっと水けをきったら、へたと傷んだところを取って、4から6等分にする。
2. 1のいちごをボウルに入れて甜菜糖と天日塩をふり、全体をゆすってなじませる。
3. 厚手の鍋に2を入れて（土鍋はおすすめできません、鋳型かステンレス製の鍋がおすすめ）、水大さじ1（分量外）を入れ、ふたをして中火にかける。
4. ぐつぐつ煮て、いちごの水分が出てきたらふたをとり、強火で約10分煮詰めて、とろっとしたら、できあがり。

note …… 冷めると粘度が増すので煮つめすぎなくてOK。時間がたつと甘みがなじんで美味しくなる。クスクスのスイーツにかけてもよく合います。

spring sweets 4

豆腐クリームパフェ風

作りやすい分量
豆腐 …………… ½丁（150g）
天日塩 ……… 少々
A ┌ メープルシロップ …… 大さじ1
  │ 米飴 ………… 大さじ1½
  └ レモン汁 …… 大さじ1（好みで増減可）
いちご煮 …… 好みの分量
小町麩 ……… 好みの分量

- **下準備** 豆腐は、天日塩をふって蒸気のあがったせいろに置いて約3分蒸す。キッチンペーパーなどに包んで重しをし、半分の厚さになるまで水きりし、冷ます。
1. 水きりした豆腐とAをミキサーにかけ、つややかなクリーム状にする。
2. 最後にレモン汁を加えてミキサーにかけ、甘酸っぱさを調節する。
3. 器に麩と豆腐クリーム、いちご煮を重ねてパフェ風にする。

● 春の献立のたてかた

　春は、細く締まっていた木々から新芽が顔を出す、美しく心躍る季節です。同じように人間の体からも、むくむくといろいろなものが出てきます。春は、1年分、時にそれ以上の体の汚れをクリーニングするシーズンなのです。
　例えば精製糖（ブドウ糖、液糖他含む）や乳製品、それらが入ったパンや菓子、じゃがいも、ペーストや脂っこいもの、アルコールをとりすぎた人は、たくさんの老廃物が、肺や気管、鼻腔や眼に溜まっています。花粉や埃がべたべたと付着して離れないため、くしゃみや咳で出してくれようとします。鼻水や眼やに、涙、かゆみは、まさに排出現象。だるさや、うつ症状、眠気なども、同じように腸や肝臓が食べすぎで疲れ、老廃物が溜まってしまっているから。秋冬に肉やチーズ、クッキーやケーキなどを食べすぎるとテキメンです。肩がこったり、気が晴れないのは、陰陽両方で起こります。
　でも、マクロビオティックを取り入れ、極陰、極陽を遠ざけていくほど、どんどん春も快調になり不快な排出は年々減ります。不愉快な症状にかわって、むくむく、ワクワクとわいてくるものが、新しいアイデアや意欲になります。
　そんな春には、浄化を促してくれるメニューをとりましょう。ベークしたものや、揚げ物は控えめに。排出のシーズンは、すっきりした食事が大切です。玄米とか味噌汁、蒸し青菜、梅干しと海苔のおむすびなど本質的な食事。それから、葉物、もやし、わかめやにんじんなども排出を手伝います。肉や卵、バターなどの乳製品、精製糖などをとらないことはもちろんですが、植物性でも、ペースト、油っこいもの、ナッツ類、果物などはとりすぎるとトラブルになります。実際、果物を食べすぎた後は眼がかゆいとか、菓子パンを食べると鼻が詰まるなど、食と体の関係を体感できるはず。
　排出の季節は、体に悪いものも欲しくなりやすいですが、暑くなるに従って寒天など良い陰のもの（P215参照）を増やすとラクになることが多いです。司時に、例えば「春野菜のレモンシチュー」のように、穏やかだけど欲求を満たしやすいレシピを探してみてください。ほかの季節のメニューでもいいですよ。ご主人にも、トンカツだけよりは、大根おろしも食べてもらおう（肉類の排出を手伝います）、野菜も食べてもらおうなど、マシマシ路線も必要だと思います。ストレスが溜まりすぎないよう、時には自分を甘やかしながら進めていくと、だんだん味覚が変わって、次第に負担がかかるものが欲しくなくなりますよ。

現代は、すっかり夏が暑く長くなりました。
暑さが本格化する前に良い陰の気の食べものを増やし、陽の気を少なくしてクールダウンしておきましょう。
7月、8月の頃、暑さや紫外線に強く、虫に刺されにくい、仕事もレジャーも元気に楽しめる体になっていますよ。
夏は特に、理屈より直観とインスピレーションが大事。感覚で陰陽のバランスと本質をつかまえて。

summer

立夏
（5月5日頃）

立秋
（8月8日頃）

1　2　3　4　5　6　7　8　9　10　11　12　月

summer day 1 朝

summer day1 昼

summer day 1
朝

とうもろこしは、いい意味で一番陰性な穀物です。身も心も明るく柔軟にオープンにしてくれて、考えすぎやストレスによる歯ぎしり、高血圧、イライラなどの解消を助けます。試してほしいのが梅干しとの組み合わせ。フルーティな味わいになるうえに、腸や血をきれいにする効果もアップ。青菜は時々、刃を入れずに食べると、全身の気の流れがよくなります！　不自然な食と生活で気の流れが偏りすぎたことによる肩こりや筋肉痛がよくなります。

スチームとうもろこし ＆ 梅ペースト ＆ スチーム青菜カットレス

2人分
とうもろこし …… 1〜2本（好みの分量）
小松菜 …………… 1株
梅干し ……… 大1個
みりん ……… 小さじ½

1. とうもろこしは、薄皮1枚を残して皮をむく。ひげはしっかりとる。
2. 小松菜は、葉を1枚ずつはずして、せいろのカーブに沿うように並べる。
3. 鍋に湯を沸かして、せいろの下段にとうもろこし、上段に小松菜を入れて蒸す。とうもろこしは約20分、小松菜は2〜3分が目安。
4. 梅干しの種を取り、梅肉とみりんをすり鉢ですり、ペースト状にする。
5. 蒸し上がったとうもろこしは、必要があれば食べやすい大きさに切る（切ってから蒸すよりも蒸してから切るほうが美味しい）。小松菜はくるりと巻く。器に盛って4を添える。

for mild rich ………… みりんにかえて少々の水、または米飴で作ります。

summer day 1
昼

クスクスはパスタの中では陰性。ここで使っているのは「全粒」のクスクスです。玄米ならぬ玄麦からできているため、繊維やビタミンが豊富で陰性すぎません。だから、体を冷やしすぎずに適度に熱を逃がしてくれます。美味しく作るポイントは、から煎りすること。男性は、陽性を求めるためクスクスが苦手という人もけっこう多いもの。その場合は、パスタやご飯にかえてみてください。

ラタトゥイユと全粒クスクス　…● いきぬきメニュー

2人分
- 全粒クスクス …… ½カップ
- 水 …… 240cc
- 赤ピーマン …… 1個
- ズッキーニ …… 1本
- オクラ …… 4本
- 玉ねぎ …… 小1個
- きゅうり …… 1本
- オリーブオイル …… 大さじ1〜2
- にんにく …… 1かけ
- A
  - 白たまり醤油 …… 小さじ2
  - 梅酢 …… 小さじ1
- 天日塩 …… 適量

1. **クスクスを煮る。**フライパンに全粒クスクスを入れ、少し香ばしくなる程度に約1分、焦がさないようにから煎りする。
2. 水と①を厚手の鍋に入れ、中火で沸騰させる。このときふたはしない。
3. 沸騰したら天日塩小さじ⅛を入れてふたをし、弱火で約15分煮る。煮えたらすぐにバットなどに移してほぐす。
4. **ラタトゥイユを作る。**野菜をそれぞれ5㎜〜1cm厚さに切る。赤ピーマンは種を除いて縦薄切り。ズッキーニときゅうりは斜め薄切り。オクラは頭のかたい部分を削って縦半分。玉ねぎは薄切り。玉ねぎときゅうり以外の野菜に少々の天日塩をふる。
5. 鍋にオリーブオイルと、皮をむき包丁の腹で押しつぶしたにんにくを入れて弱火にかけ、じっくりと香りがたつまで炒める。
6. ④の玉ねぎを加えて静かに炒め、ツンとした香りがとんだら天日塩少々をふる。端によせ、きゅうりも同様に炒めて天日塩少々をふる。
7. ⑥の上に④の赤ピーマン、オクラ、ズッキーニを重ね、ふたをして弱火で約7〜10分蒸し煮する。
8. Aを回しかけ、鍋全体をゆするようにして混ぜ、ふたをしてさらに1〜2分煮る。ふたを開けて煮とばし全粒クスクスとともに器に盛る。

summer day 1
夜

陰陽というのは、美味しさの法則でもあるんです。例えば、夏は、おむすびを海苔よりもっと陰性な大葉で包むと香りと歯ごたえもよくなります。料理の加熱時間を短く（10分以下）し、涼しそうな緑や白を加えるのも陰の要素を生かした調理方法です。梅干しや梅酢は血液をサラサラにし、虫さされしにくい弱アルカリ性に保つので、夏の食卓には欠かせません。海苔しょうがペーストは、夏でもご飯がすすむだけでなく貴重なミネラル源です。

玄米ご飯の大葉むすび

2人分（＋翌日分）

玄米	2合
水	550cc
大葉	適量
天日塩	適量（P217）

A ┃ 梅酢 … 大さじ2〜3
　 ┃ 水 … 150cc

- **下準備** 玄米を静かに洗い、圧力鍋に入れて分量の水に3時間以上浸しておく（水分量、炊き方詳細はP216）。
1. 下準備したものに、天日塩を入れて炊く。弱火で炊く時間は23分。後は通常通り。
2. ご飯を飯台に移す。Aを混ぜて手水を作り、手を湿らす。
3. ご飯が熱々のうちにおむすび1個分のご飯を軽くまとめてから右手を上に、左手を下にして三角にむすぶ。体の中心の位置で、丁寧な気持ちでむすぶようにすること（P219）。
4. 大葉を冷水に放ってから水けをふいて③に巻く。

note ご飯480gが熱々のうちに、翌日の海苔巻き分として梅酢大さじ1〜2をふっておく。こうすると美味しいだけでなく傷みにくい。大葉は、瓶や密閉容器に入れ、湿ったキッチンペーパーを入れると約2週間保存できます。

玉ねぎとかぼちゃの味噌汁

2人分（+翌日分）　　玉ねぎ ……… 小1個　　　かぼちゃ ……… 40g　　　レタス ……… 1〜2枚
　　　　　　　　　　水 …………… 800cc　　　麦味噌 ………… 大さじ3　みょうが …… 1個

1. 玉ねぎは、皮をむいて約5mmの回し切りにする。かぼちゃは、一番厚いところを約1cm厚さの回し切りにしたら、さらに2〜4cmに切る（各かぼちゃの体積が同じになるように）。レタスは手でひと口大にちぎる。
2. 鍋に①の玉ねぎと水を入れ火にかける。沸騰してきたら弱火にしてクツクツ約10分煮る。
3. ②に①のかぼちゃを加えて、約3分煮る。かぼちゃが少しやわらかくなったら、鍋から汁少々をすり鉢に取り分けて麦味噌とよく溶き、鍋に回し入れる。①のレタスを加えて1〜2分とろ火で煮る。
4. 椀によそい、小口切りにしたみょうがを散らす。

海苔しょうがペースト ＆ 梅肉

作りやすい分量　　　海苔 ………… 1枚　　　醤油 …………… 小さじ2　梅干し ……… 好みの分量
　　　　　　　　　　水 …………… 100cc　　しょうが汁 …… 小さじ1

1. 海苔を小さくちぎって小鍋に入れ、分量の水を注いで20分以上おく。
2. 海苔がふやけて溶けてきたら、中火にかける。沸騰したらとろ火にして、海苔を十分に溶かす。
3. ②に醤油を回し入れてさらに煮詰める。煮詰まる直前にしょうが汁を加え、なべ底に線が引けるくらいの濃度に煮詰める（清潔な瓶などに移す。冷蔵庫で約5日間保存可能）。
4. 梅干しの種を取り、器に盛る。どちらも少しずつ、おむすびにつけて食べる。

メロンとかぶの梅酢和え

2人分　　メロン……250g　　かぶ……1個　　梅酢……大さじ1　　自然海塩……少々

1. メロンは皮をむきひと口大に切って冷蔵庫で冷やしておく。乾燥しないようにラップかぬれ布巾をかける。かぶは1.5cm角に切る。
2. 鍋に湯を沸かし自然海塩と①のかぶを入れ、約2分茹でたら盆ざるにあげて粗熱をとる。
3. ②を容器に移し、大さじ1の水（分量外）で薄めた梅酢をかけて冷やす。
4. ①のメロンと③を食べる直前に和え、さらに梅酢少々（分量外）をふる。

糸こんにゃくとがんも、もやしのマスタードソテー

2人分　　糸こんにゃく……約150g　　さやいんげん……4本　　ごま油……小さじ1
　　　　　自然海塩……小さじ1　　　天日塩……適量　　　A［醤油……小さじ2
　　　　　がんもどき……3個　　　　豆もやし……50g　　　　粒マスタード……小さじ2］

1. 糸こんにゃくは水けをきり、自然海塩で塩もみして約5分おく。塩けを洗い流し、食べやすい長さに切り、ざるにあげる。
2. がんもどきは1cmの輪切り、さやいんげんは3cmの長さに切り天日塩少々をふる。豆もやしは、さっとすすいでざるにあげる。
3. フライパンを温めてごま油をひく。②のがんもどきを入れ、両面に強めの中火で焼き色をつける。弱火にしてフライパンのあいたところで②のさやいんげんをさっとソテーする。
4. ③の上に②の豆もやし、①の糸こんにゃくの順に重ねて天日塩少々をふり、ふたをして約2分蒸し焼きにする。焦げそうなら水少々を足す。
5. ふたを開けてAを回しかけ、全体を木べらなどで底からすくうようにして合わせて煎りつける。すぐに火からおろし、器に盛る。

summer day 2 朝

summer day 2
朝

前夜のお味噌汁にパスタを入れて煮込む簡単レシピですが、とろっとしてとても美味しいんです。朝は陰性のエネルギーを多くとりたい時間帯。でも、煮詰まった残り物の味噌汁と乾物パスタだけだと、朝にはちょっと陽性すぎてしまいます。だから良質の陰性である蒸し青菜を添えることがコツです。朝の青菜を続けると、白砂糖やチョコレートをだんだん欲しくなくなります。また、女性は肌が白くなりますよ。

味噌スープのスパイラルパスタ

2人分　スパイラル(精白)パスタ……65g　味噌汁(前夜の余り)……250cc　水……50cc　薬味……少々

① 野菜を取り出した味噌汁に水とパスタを入れて、中火にかけ、沸騰しそうになったら、弱火にして時々混ぜながら7〜8分煮る。煮立てないこと(鍋は厚手のものがおすすめ)。野菜を戻し入れて1分煮る。
② ①を器によそい、せん切りにした新鮮な大葉や小口切りにした万能ねぎを散らす。

蒸し小松菜 & すいか

2人分　小松菜………1株　白煎りごま…少々　すいか………2切れ　天日塩………少々

① 小松菜は3cm長さに切る。ただし、小さな芽のようなものは切らず丸ごとのまま。
② ①を2〜3分蒸して、器にとり、白煎りごまを手でつぶしながら散らす。
③ すいかは食べる直前に天日塩をふる。

note …… 陰性のすいかは、とりすぎた塩分や肉類(極陽性)を溶かし出して、陽の偏頭痛や肩こりを改善します。

summer day 2
昼

海苔巻きは、おむすびよりも陰性の料理法なので、体に熱のこもりやすい夏にはぴったりの食べ方です。猛暑で玄米ご飯を体が受けつけない、食べづらい、そんなときには"海苔巻き"を試してみて。味付けが薄いと感じたら、1切れを厚く切る、反対に濃いと感じたら薄く切れば味の濃さを調節できます。味は2種類ご紹介しますが、たくあんとピーナッツバターの組み合わせは「食べたことのない味で美味しい！」と、大人気です。

玄米海苔巻き2種

2本分

玄米ご飯（前日の余り） 約480g
A 梅酢 大さじ2
　 水 80cc
にんじん ¼本
小松菜 2枚
海苔 2枚

テンペ海苔巻き
ごま油 少々
テンペ 50g
B 水 大さじ1½
　 醤油 大さじ1
　 みりん 大さじ⅓
マスタード 大さじ2

ピーナッツたくあん巻き
大葉 3枚
たくあん 30g
ピーナッツバター（無糖） 大さじ1強

1. **手水を作る。** ボウルにAを合わせて手水を作る（炊きたての玄米なら手水は水100ccがよい）。
2. **具を作る。** にんじんは約3mm厚さの斜め薄切りにしてから太めのせん切りにする。小松菜は、1枚ずつはずす。それぞれ好みのかたさと甘さに蒸して冷ます（目安としてにんじんは約10分、小松菜は約3分）。
3. **テンペ海苔巻きを作る。** 温めたフライパンにごま油をひいて、2cm幅に切ったテンペの両面を軽く焼く。Bを加え、時々返しながら煮きる。巻きすに海苔をのせ、前夜に作っておいた（P71）酢飯の半量を置き、①の手水で湿らせた指で均等な高さにする。②の小松菜2枚と半量のにんじん、煮詰めたテンペとマスタードを置いて、ギュッと押さえながら巻く（巻き方詳細はP219）。
4. **ピーナッツたくあん巻きを作る。** 海苔の上に残りの酢飯と残りのにんじん、大葉、1cm角の棒状に切ったたくあんとピーナッツバターを置いて③と同様に巻く。

summer day 2
夜

夏の楽しみに麺があると思います。麺は、粒よりも陰性な食べ方。体を冷やしリラックスさせてくれます。ただ、いくら夏でも毎日は多すぎる人がほとんどなので気をつけて。焼きそばは油揚げを細く切ること、青海苔と紅しょうがを必ず入れることが、肉なしで薄味でも満足するコツ。かぼちゃは、ブロッコリーの芯にのせるとお雛様みたいで可愛らしいです。寒天は、粉寒天ではなく棒寒天がおすすめ。こりこりでなくぷるんと仕上がります。

ベジ焼きそば ..● いきぬきメニュー

2人分
- にんじん …… ¼本
- 天日塩 …… 適量
- 油揚げ …… 1枚
- レタス …… 2枚
- ごま油 …… 少々
- 豆もやし …… 60g
- 無添加蒸しそば 2袋(約300g)
- 青海苔 …… 適量
- 紅しょうが …… 適量

A
- 豆味噌 …… 小さじ2
- みりん …… 小さじ1
- 醤油 …… 小さじ1
- 梅酢 …… 小さじ⅔
- 水 …… 小さじ1

1　にんじんは麺と同じくらいの太さ×約5cmに切って天日塩少々をふる。油揚げは約5mmの細切りにして、味がからまりやすくする。レタスは食べやすい大きさにちぎる。

2　中華鍋にごま油を温め、1のにんじんを入れてさっと炒め、水大さじ3(分量外)を加えてふたをし、沸騰したら弱火で2分蒸し煮。

3　豆もやしを入れて天日塩少々をふって混ぜ、豆もやし全体に油がまわったら1の油揚げ、レタスの順に重ね入れ、その上に蒸しそばを手でほぐしながら広げ、ふたをして2分蒸し焼きにする。この間にAを小さいすり鉢ですり合わせておく。

4　ふたを取り、3のAを回し入れ(しっかり使いきること!)、全体を木べらなどで返しながら炒める。

5　4をすぐ器に移し、青海苔、紅しょうがをのせる。このメニューは食べる直前に作ること。

for men , strong …… レタスをにらにかえ、にんにくのしぼり汁少々を加える。紅しょうがは多め。かつお節を散らしても。

寒天と野菜の冷たいスープ

2人分　　浸し水(昆布3×8cm)……500cc (P25)　　枝豆……6さや　　　　　　天日塩……ひとつまみ
　　　　　棒寒天……1/3本　　　　　　　　　　　オクラ……4本　　A　醬油……小さじ2
　　　　　　　　　　　　　　　　　　　　　　　　ブロッコリー……1/4個　　　自然海塩……適量

1. 棒寒天を洗い、ひと口大にちぎり、水につけてふやかす(粉寒天ではなく、食感があり腸の浄化作用の強い棒寒天がおすすめ)。浸し水を昆布ごと鍋に入れ弱火で沸騰しないように10分煮る。泡が立ったら昆布を取り出す。寒天をすくい入れ弱火で約15分煮る。
2. 枝豆を自然海塩少々でもむ。オクラは頭のかたい部分を削り、縦に切る。ブロッコリーは小房に分ける。ブロッコリーの芯はかぼちゃの茶巾しぼりに使うのでとっておく。
3. ②のオクラを自然海塩少々を入れた湯で約1分茹で、盆ざるにあげる。同じ鍋に自然海塩少々を足して②のブロッコリーを約3分茹で盆ざるにあげる。最後に②の枝豆を5〜8分さやが割れるくらいまで茹で、盆ざるにあげる。
4. Aを①に加えて1分煮たら粗熱をとり、バットなどに移す。そこに③の野菜を加える。枝豆はさやから出して加える。
5. ④が冷めて少しかたまってきたら、器に移して冷蔵庫に入れて冷やす。

かぼちゃの茶巾しぼり

6個分　　かぼちゃ……1/6個　　ブロッコリーの芯……適量　　天日塩……少々

1. かぼちゃと皮をむいたブロッコリーの芯は1cm厚さに切って天日塩をふり、蒸気の出たせいろなどで約10分蒸す(竹串がスッと通る程度まで)。かぼちゃは木べらでつぶし、かたくしぼったぬれ布巾で茶巾しぼりにする。ブロッコリーの芯にのせる。

● 正しい玄米食を始めよう

　玄米は、美味しいだけでなく人間にとって最も中庸となる食品ですから、食べ始めると陰陽のバランスが自然ととれやすくなり、肉や魚への欲求が薄れていきます。逆に玄米なしでは、動物性や刺激物をなくすのは難しい。玄米なしのベジタリアンは、その陽性さを補いたくなるのか、クッキーやクラッカーの過食に陥ることも少なくないようです。

　しかし強大な力を持つ玄米は、取り入れ方を誤ると危険なことがあります。玄米食が実は体に悪い、という一部の説は、誤った取り入れ方によります。ポイントを押さえましょう。

ポイント①　品種選び

　現在の日本の米の主流はコシヒカリです。炊飯器でもっちり炊けるように、アミロペクチンの割合を多く品種改良（？）した、もち米に近い品種です。しかし、日本のもともとのお米はこんなにアミロペクチンは多くありませんでした。コシヒカリの白米は非常に陰性ですが、玄米だととても陽性、陰陽五行でいう金気が強過ぎることがあります。特に温暖な太平洋側の地域や陰が必要な女性や子供には害になりやすいのです（ただし、北海道など寒冷地帯では必要なこともあります）。

　合わないお米を食べ続けた症状例は、貧血、顔色が悪い、若白髪、頭痛、過食衝動、太る、痩せる、肌荒れなど。体内では肝臓と腸に負荷がかかり、血流が悪くなり、ホルモン異常が起きていることが少なくありません。

　おすすめは、もともとのお米に近いアミロースの割合が多いササニシキやヒノヒカリのようにあっさりしたお米です。お米は国内で175種（平成17年）も作られています。わからないときは、その品種の炭水化物のアミロース含有量をききましょう。18〜22％程度を目安にします。コシヒカリは17％以下、25％以上になるとタイ米のように大変あっさりし、熱帯向きです。

ポイント②　浸水させることと、塩の質と量

　玄米は浸水によって活動を始め、消化酵素が生まれます。そこに加える塩の質と量は、米と体に強い影響力を及ぼします。詳しい炊き方をＰ216にまとめます。不適切な炊き方の常食は、胃腸や肝臓を弱め、貧血、むくみ、過食などの原因になります。

summer day 3　朝

summer day 3 昼

organic base | table of summer 83

summer day 3
朝

理想の朝ご飯である朝粥は、旬の素材をいろいろ混ぜることでバリエーションがいくらでも広がります。夏の子供や女性には、おすすめはやっぱりとうもろこしですが、嫌がる男性にはごま入りがおすすめ。プチッという食感が喜ばれます。時には、こんなレーズンを入れたお粥はいかがでしょう。今日のつけ合わせは、梅酢でお化粧したラディッシュがなんともかわいい一品です。わかめは抜け毛や脱毛に悩む人にもおすすめです。

レーズン入り玄米粥

2人分　　玄米……………¼合　　　洗い白ごま…小さじ⅓　　天日塩………少々
　　　　　水………………600cc　　レーズン……数粒　　　　コンディメント（かぼちゃの種、大葉、ゆかりなど）…好みの分量

■ 下準備　玄米を静かに洗い、分量の水に3時間以上浸す。
1 下準備したものを土鍋に入れて、白ごまとレーズンも加えて中火にかける。
2 1が沸騰したら天日塩をふってとろ火にする。ふたをして、できればもう1枚他の鍋のふたを重ね40〜50分コトコト優しく炊く。
3 火からおろして約5分蒸らす。好みのコンディメントを添えて食べる。

わかめのさっと煮と梅酢ラディッシュ

2人分
1 塩蔵わかめ20gを洗い、水に4〜5分つけて塩抜きし、ひと口大に切る。水菜½束（20g）は3cm、ラディッシュ1個は4つ割りに。
2 小鍋に1のわかめと水大さじ3を加えて火にかける。沸騰したら弱火にして醤油小さじ½を回しかけ、わかめを片側に寄せる。
3 鍋のあいたところに1の水菜を入れる。鍋をゆらし、水菜を1〜2回返しながら煮きる。わかめといっしょに、すぐ器にとる。
4 鍋に1のラディッシュと水大さじ2と梅酢小さじ1を入れて火にかけ、沸騰したら弱火にして煮きる。

summer day 3 昼

陰性の麺である玄米ビーフンをオイルレスで美味しく仕上げました。具はなんでもOKですが、あえて、昨日の焼きそばとほぼ同じ材料にしたところがポイントです。野菜の切り方を変えるだけで、こんなに味や食感が変わるんだ！という楽しさを感じてください。塩茹でブロッコリーは歯ごたえが命で、水にさらさないのが美味しさのコツです。ざるにあげてから余熱で煮えることを計算して早めに引き上げてください。

オイルレス玄米ビーフン

2人分
- 玄米ビーフン　2袋（80g）
- にんじん　縦¼本
- 天日塩　少々
- 油揚げ　1枚
- レタス　2枚
- 水　50cc
- A
  - 米飴　小さじ2
  - 米酢　小さじ1
  - 醤油　大さじ1
- 黒煎りごま　小さじ1
- 水菜　適量

1. ビーフンは手で割りながら、水をはったボウルに放って半戻しにし（約30秒）、ざるにあげる。
2. にんじんは縦に3等分してから1mm厚さのいちょう切りにし天日塩をふる。油揚げは（自然食品店のもの以外は湯通しする）せん切りに、レタスは一度冷水に通してから、食べやすい大きさにちぎる。
3. 中華鍋を熱し、②のにんじんと水大さじ1（分量外）を入れてふたをし、弱火で1〜2分蒸し煮する。
4. ①のビーフン、②の油揚げと水とレタスとAを加えて、全体を時々返しながら煮きったら火を止め、黒煎りごまをふり入れる。器に盛り、約5cmに切った水菜を散らす。

塩味ブロッコリー

2人分

1. 鍋に湯（約1.5ℓ）を沸かす。その間にブロッコリー½個を小房に分け、茎は厚めに皮をむき食べやすい大きさに切る。
2. 湯が沸騰したら、自然海塩小さじ1を入れてブロッコリーを少しかために茹で、盆ざるにとって冷ます。

summer day 3
夜

はと麦は陰性で、女性ホルモンに働きかけます。美肌や美胸作用、生理痛（始まりのほう）を緩和する効果もあります。ただし、食べすぎると肺や腎に負担がかかるので3日食べたら1週間以上あけるなど、適度にします。野菜ステーキは、あえてワイルドな切り方にして、食べごたえとジューシーさを増します。やわらかなレタスの食感との対比は、陰陽のバランスでもあるんです。涼しげな白と緑が眼からも内からも涼ませてくれます。

はと麦玄米ご飯

2人分（+翌日分）　　はと麦……大さじ1　　玄米……2合　　水……600cc　　天日塩……適量（P217）

- **下準備**　はと麦と玄米を静かに洗い、分量の水に3時間以上浸しておく（水分量、炊き方詳細はP216）。
1. 下準備したものを圧力鍋に入れ、天日塩を入れて、後は通常通り炊く。

わかめときゅうりの淡い味噌汁

2人分　　乾燥わかめ（なければ塩蔵わかめ）……7cm　　きゅうり……1/2本　　豆もやし……20g
水……450cc　　水菜……1/2株（約20g）　　麦味噌……大さじ1 1/2

1. 鍋に水と乾燥わかめを入れてしばらくおく。わかめを取り出してひと口大に切り、鍋に戻す。きゅうりは端をごくわずかに落とし、落とした部分を入れ替えて実とこすり合わせてあく抜きし、約1mm幅の小口切りにする。水菜は食べやすい長さに切る。
2. ①の鍋を火にかけて沸騰したら、豆もやしを入れて強火にし、グラグラッときたらひと呼吸おいて弱火にする（こうするともやしからだしがよくとれる）。①の水菜、きゅうりを加えて約2分煮る。
3. すり鉢に麦味噌と鍋の汁少々を入れて溶いたら、②の鍋に丁寧に回し入れてとろ火で約30秒煮る。

かぶとズッキーニと豆腐のステーキ

2人分　　豆腐（木綿）……… 2/3丁（約200g）　　天日塩……… 適量　　　　ごま油B……… 大さじ1
　　　　　かぶ（葉付き）……… 2個　　　　　　　ごま油A……… 大さじ1　A ┌ 玄米酢……… 小さじ1
　　　　　ズッキーニ……… 1本　　　　　　　　　片栗粉……… 適量　　　　└ 醤油………… 大さじ1

1. 豆腐はしっかりと水きりし、厚さを半分に切る。それを約3×4cmの大きさに切り、天日塩少々を両面にふる。
2. かぶは横に1.5cm厚さの輪切りに、ズッキーニは縦に1cm厚さに切ってそれぞれ天日塩少々をふる。かぶの葉は約3cm長さに切る。
3. フライパンにごま油Aをひいて温め、2のかぶとズッキーニを入れて弱火にし、ふたをしてやわらかくなるまで焼く。
4. 焼き色がついていることを確認したら裏返して約1分焼き（このとき、ふたはしない）、取り出す。同じフライパンで2のかぶの葉をさっと炒め取り出す。
5. 1の豆腐に片栗粉をまぶす。ごま油Bを4のフライパンに足して温めたら、豆腐の両面が色づくまで焼き、最後にAを合わせてたらし、さっと火を通す。
6. 4 5を器に盛り合わせる。

for mild rich ……… 片栗粉と油は用いず、すべて水を使って蒸し焼きに。豆腐はくずして炒める。かぼちゃの種を煎って砕いたものや、煎りごまなどを散らして風味をプラスする。

for men ……… 3でごま油と、しょうがのせん切り少々をいっしょに温める。
　　　　　　　私はしょうがスライスを醤油に浸したしょうが醤油を常備して、男性向けの炒めものに活用します。

summer day 3 夜

レタスの浅漬け with 白味噌ソース

2人分　　レタス　　　　約150ｇ　　　　A ┌ 白味噌　　　　　大さじ1
　　　　自然海塩　　　　大さじ1　　　　　 └ 白ごまペースト　大さじ2

1　レタスを水に放ってパリッとさせたら、ひと口大にちぎる。自然海塩を全体にまぶして重しをして30分以上おく。
2　小さなすり鉢でAと水大さじ2（分量外）を合わせたら小鍋に移し、約30秒煮る。
3　1を洗って水けをしぼって器に盛り、2をかける。

note　　　　はと麦玄米ご飯→レタスの浅漬け→味噌汁→野菜と豆腐のステーキの順番に作ると料理時間が短縮できます！
for men　　はと麦が苦手な男性には、無理に食べさせることはありません。Aのかわりに刻みねぎ、刻みにんにく少々、醤油、かつおぶし、オリーブオイルを煮合わせてかけると喜ばれやすいです。

糖化した甘い野菜の力
野菜は、弱火でじっくり焼いたり煮たりすることで糖化が進み、甘みとコクが増します。それによって自然に白砂糖などの調味料を減らせます。この、じっくり甘みを引き出された野菜の持つ"ゆっくりと変化していくエネルギー"や"気"が、"激しすぎる変化"や"人工的で極端なエネルギー"に囲まれて生きる現代の私達には、特に必要です。ただ、今のコンロは家庭用であっても、弱火やとろ火にできないものが少なくありません。その場合、焼き網やフライパンを鍋とコンロの間に置いて調整するといいでしょう。専用のガスマット（P221）があるとより便利です。

summer day 4 朝

summer day 4 昼

organic base | table of summer 91

summer day 4
朝

え？　本当に朝ご飯がこれでいいの？　と思う方もいらっしゃるかもしれませんが、いきぬきメニューながらも朝に必要な酸味、酵素、水分、良質な糖質が揃っているレシピなんです。都会で働く女性は不自然に陽性化しやすいので、春夏はこういう陰性の朝食の日も作ると、顔色がよくなり疲れにくくなります。フルーツは桃以外でもOK。玄米が食べたくないときは、体が陽性になっているしるし。焦らず、良い陰性をとって調整していきましょう。

甘酒レモンフルーツ　..● いきぬきメニュー

2人分　　桃 ……………… 1個　　　　レモン汁 …… 大さじ2〜3
　　　　　玄米甘酒 …… 大さじ4〜5　　冷水 ………… 大さじ3

① 冷蔵庫で冷やしておいた桃を、皮をむいて食べやすい大きさに切り、器に入れる。
② ①に玄米甘酒、レモン汁をかけてそっと混ぜ、冷水を加えてよく混ぜる。

for mild rich , for men …… 桃とレモン汁は抜いて梅酢小さじ1を加えます。

フルーツの食べすぎは、冷えやむくみの原因に

フルーツは陰性が強い食物なので、特に女性と子供には時々必要です。その陰性さが、華やかで若々しい雰囲気と繊細さを与えてくれますし、夏には生で食べると体を冷やしてくれます。動物性食品の中和にもいいですよ。一方、食べすぎると虫に刺されやすくなります。尿もれ、陰部のかゆみ、むくみ、冷え、近視、歯並びを悪くするなどの悪影響もあります。陰も陽もどちらも大切なので、どちらかだけではhappyにはなれません。もしも、毎日のフルーツがどうしてもやめられないとしたら、それは体内に動物性（極陽性）のものが残っている証拠。焦らず動物性を減らしていけば、いつか、そんなに欲しくなくなります。

summer day 4
昼

玄米ご飯は焼き飯にしてもこれまた美味しい。今日は、ごまを活用してほとんど油を使わないので、食べても体がほてらない夏向きの作り方です。みりんが苦手な方はもちろん醤油だけでもOK。梅もやしの梅干しは、余計な炭水化物を脂肪として蓄積させずに排出させ、湿気に強い体にもしてくれます。主食が、炊いたご飯をさらに炒めるという少し陽性な調理法なので、調理時間の短い陰性な方法でバランスをとっています。

はと麦玄米のブロッコリー焼き飯

2人分
ブロッコリー……½個
テンペ……100g
ごま油……小さじ1
白煎りごま……大さじ1
みりん……小さじ2
醤油……大さじ1
はと麦玄米ご飯（前日の余り）……約400g（2杯程度）
（好みで）紅しょうが……少々

1. 小鍋に湯を沸かす。ブロッコリーは小房に分け、茎は皮を厚めにむき、食べやすい大きさに切る。
2. 湯が沸いたら自然海塩少々（分量外）を鍋に入れて①のブロッコリーを約1分茹で、盆ざるにあげる。テンペはひと口大にほぐす。
3. 中華鍋を熱しごま油をひいて弱火にし、白煎りごま、②のテンペとブロッコリーの順に重ね、さらにはと麦玄米ご飯を手でほぐしながらその上に重ねる。水を数滴（分量外）落としてふたをして約2分蒸し焼きにする。
4. 中火にしてみりんを鍋肌から入れたらひと呼吸おき、鍋肌から醤油を回し入れ、全体を手早く返す。醤油の香ばしい匂いがしてきたら火を止め、すぐに器によそう。好みで紅しょうがを添える。

梅もやし

2人分
1. 鍋に湯を沸かし、自然海塩少々を入れてもやし60gをさっと茹で、盆ざるにあげる。
2. みじん切りにしたパセリ2gと梅肉大さじ1をすり鉢ですり、水小さじ2を加えてさらに混ぜる。①と和える。

summer day 4
夜

今日は全粒の冷や麦。玄米ならぬ玄麦でできていますが、軽やかで夏にはたまらない美味しさです。ぜひ茹でたてを、薬味をきかせて味わってください。とはいえ、夏に玄米が食べづらいからと麺ばかり食べていては、陰性になりすぎて体も気も麺のように伸びやすく疲れやすくなってしまいます。パワーの源の玄米を、こんなふうに餃子に包むと食べやすいですよ。さらに味噌と海藻でミネラルと陽性さを補給して、夏バテしない食卓にしました。

ざる冷や麦と麺つゆ

2人分

浸し水 (昆布5×10cm) ……500cc (P25)
干し椎茸 ……………… ½枚
みりん ……………… 大さじ1
醤油 ……………… 75cc
全粒冷や麦 (乾) 200g
海苔 ……………… 適量
みょうが (または万能ねぎ) ……適量
白煎りごま ……適量

1. 浸し水とすり鉢で軽く砕いた干し椎茸を鍋に入れて弱火にかけ、10分以上かけてゆっくり沸騰させる。泡が出てきたら昆布を引き上げ、強めの中火でさらに10分煮る。干し椎茸を取り除く。
2. 1にみりんを加えて強火で1分煮立て、醤油を加えて弱火で30秒煮る。瓶などに移して冷ましておく。
3. サラダや餃子など他のメニューが仕上がってから、全粒冷や麦を袋の指示通り茹でる。その間に、あぶった海苔や薬味をせん切りや小口切りにする。薬味は乾燥しないようにぬれ布巾をかけておく。
4. 茹であがった冷や麦を手早く冷水で洗って冷やし、氷といっしょにざるに盛る。3の薬味や白煎りごまなどを散らす。2のつゆを添える。

note ⋯⋯⋯ 麺は薬味がポイントです。万が一ひからびさせてしまったら、冷水に浸してしぼり風味をUPさせて。麺つゆのだしが薄いと、男性からクレームがくることが多いです。くれぐれも、しっかり味が出る良質の昆布を選んで。さらに覚えておいてほしい技①は、新鮮な薬味を必ず添えること。切り口も揃えて。技②は大根、玉ねぎ、にんじん、きのこなどをだしといっしょに煮出すこと。野菜の甘みが加わると、うまみを濃く感じることができるようになりますから、男性陣も納得します。

玄米ご飯の花餃子

9個分　　はと麦玄米ご飯（前日の残り）…100g　　A ┌ 味噌………小さじ1　　B ┌ 白煎りごま…小さじ½
　　　　（全粒）餃子の皮…9枚　　　　　　　　　 └ 白煎りごま…小さじ½　　　└ 醤油………小さじ1
　　　　万能ねぎ………2本　　　　　　　　　　　　ごま油………大さじ1〜2　　（あれば）水菜…適量

1. 万能ねぎは小口切りにする。すり鉢にAを入れてよくすり合わせる。
2. 玄米ご飯は約半量ずつに分け、片方には1のAと半量の万能ねぎを入れて混ぜる。もう片方にはBと残りの万能ねぎを混ぜる。
3. 餃子の皮の中心に大さじ1程度の2をのせ、皮の周囲にひだをよせて花形に包んでいく。
4. フライパンにごま油をひいて温め、餃子を並べ、水を数滴たらし、ふたをして、弱火で約5分蒸し焼きにする。
5. 焼き色がついたら、裏返して焼く。具には火が通っているので、焼き色がつき、中まで温まればよい。あれば水菜を散らす。

for men , strong …… ラー油をひとかけするだけで、肉好き男性陣も満足しやすくなります。ラー油は、自然食品店などで売られている、無添加の圧搾式ごま油で作られた安全で美味しいものをぜひ！　女性もぽん酢＋ラー油に浸すと一層食べやすくなります。

金子製麺

明治10年創業の金子製麺。すべての商品が国産小麦粉で作られていて、小麦の粒は丸ごと粉砕しています。塩は自然の塩を使用し、防腐剤や添加物は一切不使用というこだわりをもった老舗メーカーです。私も、餃子の皮や、春巻きの皮、そして全粒冷や麦は、すべて金子製麺さんのものを使っていますが、一番の魅力は、何より美味しいことです。

㈲金子製麺　☎0465-81-0425（営業時間9時〜19時、日曜休）　www.kanekoseimen.co.jp

「地粉春巻の皮」

「全粒餃子の皮」

summer day 4 夜

海藻とラディッシュのサラダ

2人分　　乾燥海藻ミックス …… 7〜8g　　A [米酢 …………… 小さじ1　　B [ごま油 … 小さじ1　　梅酢 …… 大さじ1
　　　　　ラディッシュ …… 1個　　　　　　[甜菜糖 ………… 小さじ1　　　[醤油 …… 小さじ2

1. 海藻ミックスは水に放って戻す。
2. 小鍋にAを入れて煮溶かしたらBも加えて弱火で約30秒煮て火を止め、そのまま冷ます。
3. 1の水けをきって器に盛り、2をかける。
4. ラディッシュ1個をさっと茹で、梅酢に軽く浸けたら、薄切りにして3に添える。

note ……… 近年は「熱い」と書きたいくらい夏は熱帯化がすすんでいます。しかも乾燥した暑さ。そのため炭水化物は食べにくく感じることも。熱帯夜には「玄米ご飯の花餃子」より、夏野菜、水切り豆腐（好みで少しの新鮮な白身魚）に塩をしてオリーブオイルにひたひたで煮て調味したようなメニューの方が食べやすいでしょう。必要な食は「身土不二」といって毎年の気候で変化します。「玄米ご飯の花餃子」は湿気が強く、ほどほど暑い日の残りご飯の活用法としてお試しください。

summer day 5 朝

summer day 5 昼

organic base | table of summer 99

summer day 5
朝

これは、時間の余裕があるときに試してほしいワンディッシュメニュー。とうもろこしの芯から、実に美味しいだしが出るんです。とうもろこしはあんまり……という男性も味噌汁にすると「美味しいなぁ」と食べてくれることがあります。疲れた脳にもとてもいいんですよ。脳の働きを助ける良質の糖分やビタミンB類をたくさん含んでいるんです。お豆腐は陰性で体のほてりを鎮め、過剰な動物性タンパク質が原因で溜まった老廃物の排出も助けます。

とうもろこしとお豆腐の味噌汁

2人分

乾燥わかめ …… 1枚（3×5㎝）
水 …… 600cc
とうもろこし …… ½本
豆腐 …… ⅓丁（前々日夜の余り）
オクラ …… 4本
麦味噌 …… 大さじ2

1　鍋に乾燥わかめを手で割りながら入れ、水をそそぐ（カットわかめの場合はだしがあまり出ないので、とうもろこしをやや多くする）。豆腐は水けをきっておく。
2　とうもろこしは、皮をむいて実を包丁でそぐ。軸に対して平行に刃を当てるとそぎやすい。1の鍋に芯といっしょに加えて、中火にかける。
3　オクラは頭のかたい部分を削って小口切りにする。豆腐はさいの目切りにする。
4　2が沸騰してきたら弱火にし、とうもろこしの実に火が通るまで13分煮る。その間に、小さなすり鉢に麦味噌と鍋の汁少々を入れて溶く。
5　とうもろこしの芯を取り出し、4の味噌を少しずつ回し入れ、3の豆腐を入れとろ火で約3分煮る。
6　火を止める1分前に3のオクラを加えて、色が落ちないようにわずかに火を通してすぐに火からおろす。

summer day 5 昼

パンは、実は日本の気候では常食向きではないんです。乾燥肌や便秘性になりますし、乳脂肪や油を強く欲するようにもなります。でも、ときには楽しみたいですよね！ そんなときこそ無添加で、ちゃんと発酵食品になっている心のこもった本当のパンを味わいましょう。焼かずに蒸して食べるのも、陰陽バランスをとった食べ方のポイントです。かんきつジュースや生レタスの強陰は、パンの陽性さを中和してくれます。

ピタパンの高きびソース ＆ オレンジジュース ・・● いきぬきメニュー

2人分（+夜分）

- 高きび ……… ½カップ
- 水 ……… 400cc
- レタス ……… 適量

A
- 豆味噌 ……… 大さじ1
- 梅酢 ……… 大さじ1
- 醤油 ……… 大さじ1

- 全粒（雑穀）ピタパン ……… 2枚
- オレンジジュース（ストレート）… 適量

1. 高きびと水は圧力鍋に入れ、ふたをして強火にかけ、圧がかかったら弱火にして15分炊く。
2. 鍋ごと水にあてて冷ましてから圧を抜く。Aをすり鉢で合わせて加え、全体をそっと混ぜる。
3. ふたをしないでとろっとするまで弱火で煮詰める。
4. ピタパンは、蒸気のあがったせいろで3分蒸して半分に切る。
5. レタスは冷水に放ってパリッとさせ、水けをふき、パンの大きさに合わせて手でちぎる。
6. ピタパンの上に、レタスと3の高きび約大さじ1を置き、くるりと巻いて楊枝でとめる（残った高きびは夜に使う）。
7. ピタパンにオレンジジュースを添える。

summer day 5
夜

今夜は男性好みの渋い色合いに盛りつけてみました。料理は、目にも美味しいことも大切です。高きびの弾力とオイリーな食感が「ガツンと食べたい！」の欲求にこたえてくれます。加えて、レモン汁をかけるとちょっとチーズっぽい風味がします。かぶやきゅうりの浅漬けは、揚げ物や炭水化物が多めなメニューのときの消化を助けます。きゅうりの醤油漬けは、白たまり醤油は女性好みの軽い味、醤油は男性好みのしっかり味。

玄米ご飯

2人分（+more）　　玄米 …… 2合　　水 …… 500cc　　天日塩 …… 適量（P217）

■ **下準備**　玄米を静かに洗い、分量の水に3時間以上浸しておく（水分量、炊き方詳細はP216）。

1. 下準備したものを圧力鍋に入れ、天日塩を入れて後は通常通り炊く。

とろろおすまし

2人分　　かぶ（葉付き）…… 1個　　水 …… 500cc　　とろろ昆布 … 2g
　　　　レタス …… 1枚　　醤油 …… 大さじ1

1. かぶはさいの目切りに、葉は食べやすい大きさに切る。レタスはひと口大にちぎる。
2. 鍋に1のかぶと水を入れて中火にかけ、沸騰したら火を弱めて8分、やわらかくなるまで煮る。
3. かぶの葉とレタスを加えて、ひと呼吸おいたら醤油を回し入れ、とろろ昆布を加えてとろ火で1分煮る。

高きびの春巻き

6本分
さやいんげん …… 6本
天日塩 …………… 小さじ½
調理した高きび (昼の余り) …… 1½カップ
春巻きの皮 …… 6枚
菜種サラダ油 …… 適量
ごま油 …………… 適量
レモン …………… 好みの分量

1. さやいんげんは端をわずかに落とし、天日塩をふる。長ければ半分に切ってもよい。
2. フライパンに1を入れて水少々（分量外）をふり入れ、ふたをして約3分蒸し焼きにする。
3. 春巻きの皮に、高きび大さじ2と2のさやいんげん1本を置いてやや細めに巻く。同様にして5本作る。
4. 中華鍋に菜種サラダ油とごま油を合わせて熱し（約180℃）、3を入れて皮がきつね色になる程度に揚げる。油をしっかりきってからりとさせること。経木などの上に置き、さらに余計な油をきる。レモンの半月切りを添える。

茹で枝豆

作りやすい分量
枝豆 …… 適量
自然海塩 …… 適量

1. 鍋に湯をたっぷり沸かす。枝豆はさっと洗って水けをきり、端をカットする。多めの自然海塩でよくもんで3分以上おく。
2. 湯が沸いたら1をさやごと茹でる。さやが割れてきたら盆ざるにあげて、自然海塩ひとつまみをふって冷ます。

note …… 枝豆は消化に時間がかかるので、塩をしっかりと。寝るまでの時間が2〜3時間以内のときは少量に。

きゅうりの醤油漬け2種 (常備菜)

作りやすい分量　　きゅうり　　　3本
　　　　　　　　　自然海塩　　　小さじ2
　　　　　　　　　しょうが　　　40g

A
- 米酢　　　　大さじ½
- 醤油　　　　大さじ3
- 玄米甘酒　　大さじ2
- 水　　　　　大さじ1

B
- 白たまり醤油　大さじ4
- 玄米甘酒　　　大さじ2
- 水　　　　　　大さじ1

1. きゅうりは、端を落としたらすりこ木で叩き、手で食べやすい大きさに割る。自然海塩をふり、重しをして約30分おく。
2. しょうがはせん切りにする。1を洗い、水けをよくきる。
3. A、Bをそれぞれ混ぜ合わせる。A、Bそれぞれを小鍋に入れとろ火で1分ずつ煮る。そこに、1のきゅうりと2のしょうがを半量ずつ漬け込む。すぐに食べられるが、3時間後くらいからが味がなじんで美味しい。冷蔵庫で約5日間保存可能。

summer sweets 1

summer sweets 2

summer sweets

夏だからと、乳脂肪や白砂糖たっぷりの冷菓を食べすぎると胃腸が荒れ、疲れやすくなります。また、いくら日焼け止めを塗っても紫外線を吸収しやすくなり、しみや肌荒れの原因に。毛穴の開き、むくみ、おりもの、排卵痛、中耳炎や近視なども引き起こします。加えて怖いのは、依存心が強まるなど精神的に弱くなること。夏に冷菓を食べたくなったら、穏やかな冷菓を作りましょう。胃腸を守り、体の熱を一定に保つ作用のある、わらび粉や葛粉を使ったスイーツです。

summer sweets 1

わらびもち

作りやすい分量　　わらび粉 …… 200g　　甜菜糖 ……… 50g
　　　　　　　　　水 …………… 800cc　　きな粉 ……… 60g

① わらび粉を蒸すための湯を沸かす。わらび粉に半量の水を少しずつ加えていき、よく溶く。
② ①をざるでこしながら鍋に入れる。ざるに残ったわらび粉を残りの水でこしながら入れる。
③ ②に甜菜糖を加えて泡立て器でよく混ぜてから、中火にかける。
④ ③が沸騰してきたら弱火にして、木べらに持ち替えて混ぜながら火にかける。粘りが出てきたらすぐに流し缶やバットなどに移す。厚さの目安は約1㎝。
⑤ ④をせいろなどで約50分蒸す。透明になったらOK。
⑥ きな粉を大きめのバットや皿などに敷く（甘みが欲しい人はきな粉に甜菜糖少々を混ぜる）。そこに⑤をおく。
⑦ 粗熱がとれたら、食べやすい大きさに切ったり、手でちぎってきな粉をまぶし、冷蔵庫で冷やす。冷蔵庫で3日間保存できる。

summer sweets 2

オートミールのクランチチョコアイス風

作りやすい分量

A
- 水 ……… 200cc
- オートミール ……… 100cc
- ココア ……… 大さじ2

B
- アーモンドプードル ……… 大さじ1½
- 塩 ……… 少々
- レーズン ……… 大さじ3

C
- 無調整豆乳 ……… 200cc
- 玄米甘酒 ……… 大さじ5

1. Aをすべて小鍋に入れ中火にかける。ココアはダマになりやすいので、水少々でよく溶いてから加える。
2. 沸騰してきたら弱火にし、Bを加えてオートミールがとろっとするように約5分煮る。
3. Cを加えて沸騰させないようにとろ火で約1分煮て、バットなどに流し入れて冷ます。
4. 粗熱がとれたらラップできっちりふたをして(水滴が入ると味が落ちる)、冷凍庫に入れて凍らせる。約30分に1回、フォークやスプーンなどでかき混ぜる。これを約2〜3回繰り返す。かたまりすぎないうちのほうが美味しいので、半分凍った状態で食べる(このレシピは脂肪分がとても少ないため、冷えると非常にかたくなります。かたくなりすぎてしまったら、室温で溶かしてかき混ぜます)。

> **"体にイイ"の本当のコツ**
> オートミールのクランチチョコアイス風は、本書でもっともstrongなレシピです。とはいえノンオイルで、甘味料にはメープルシロップではなく玄米甘酒を使用、さらにミキサーも不使用など、市販のベジアイスよりも体に優しくするための工夫を凝らしています。ミキサーを使わないのは、この材料でミキサーにかけると、体に蓄積しやすくなるからです。
> 特にぜんそく、アレルギー、かゆみ、便秘、鼻炎、肥満、うつ症状、ほくろが多くて悩んでいる人、授乳中はいくら一般的なものよりマイルドだからといっても、食べすぎないように。ミキサー、冷凍、生の油、ココア、抹茶、カフェイン、豆乳、果物、粉末のナッツ類、メープルシロップはどれも陰が強い要素です。ベジタリアンスイーツでも、食べすぎや、食材の組み合わせには気をつけてエネルギーを感じとってくださいね。

summer sweets 3

ゆる葛withフルーツソース

2人分

葛粉	20g
水	500cc
甜菜糖	小さじ1
天日塩	少々

ブルーベリーソース

A
レーズン	大さじ5
ブルーベリー	100g
甜菜糖	大さじ½
水	大さじ1

1. 葛粉は約160ccの水でよく溶かす。
2. 残りのすべての水と甜菜糖を1に加えて小鍋に入れ、中火にかける。
3. 2が沸騰したら天日塩を加えて弱火にし、木べらで7〜8分弱練る。とろっとした状態で器に移して粗熱をとる。冷蔵庫で30〜40分冷やして食べる（ただし、葛は冷蔵庫に長時間入れると舌ざわりは落ちる）。
4. **ブルーベリーソースを作る。**レーズンを細かく刻み小鍋に入れ、Aも加えて中火で煮詰める。冷まして3にかける。

note ソースは冷蔵庫で約5日保存可能。

summer sweets 4

玄米甘酒スムージー

2人分

完熟メロン（または完熟桃）	約300g
レモン汁	大さじ1〜2
玄米甘酒	1袋（250g）

1. メロンは皮をむいて種を取り、適当な大きさに切る。レモン汁をかけ、密閉容器に入れて冷凍する。
2. 1のメロンは、飾り用に少し取り分けておく。残りのメロンを玄米甘酒といっしょにミキサーに入れてなめらかなスムージー状にする。すぐに器に移す。
3. 2に取り分けておいた飾り用のメロンをのせる。

● 夏の献立のたてかた

　春過ぎて、公園ではぐったりと寝転がるサラリーマンの皆さんの姿が夏らしい風情をみせ始めます……!?　いえ！　これではまるで、昼間はぐったりだらしないライオンのようです！　皆さん、肉食獣になりすぎです！（笑）
　日本では明治維新より一般化しだした肉食は、体熱を発散させにくくする作用があります。加えて、現代日本はアスファルトに車の排気ガス、風の通りにくいビルなど、熱気がこもりやすいつくりですね。暑い暑いと言いながら、せっせとトンカツばかり食べるのは、体の中に暖房をつけるようなもの。そして、そんな極陽を散らすために、氷やアイス、ビールなど極陰が欲しくなります。それら極陰性のものは、体を冷やしすぎるだけでなく、虫に刺されやすく、けがもしやすく、耐久力も失わせます。虫に刺される箇所は大体決まっていますが、それは酸化した血液や気が滞っているところなんですよ。血液が汚れていると、それが浮き出てきますから、しみができますし、体からの匂いも臭く、排出物も粘着質で匂います。そこに化粧品などを塗っては、汚れを押し込めることになります。
　動物性食品をほとんど食べず、上手に陰をとれば内側から体が適度に冷えます。マクロビオティックは、草食ではなく、穀食ですから、肉食派に食われることはありません!?　暑くても、頭がぼーっとしないで、元気にアイデアがわいてきます。血液は弱アルカリを保っていますから、夏バテ知らず。血液がキレイになるほど、虫にも刺されにくく、日焼けもしにくくなります。少々焼けても、夏が終わる頃には、肌が入れ替わって、むしろ新陳代謝し、かえって白くなっているほどです。

　そんな夏の食事は、開放感とやや陰寄り、がキーワードです。しっかり規則を守る、というのは陽性なスタイル。はみ出るのは陰性なスタイル。夏は、少しワイドで自由な実践が合っています。素材では、とうもろこしやレタス、きゅうりといった夏野菜や麺類は体を冷やして、開放的にしてくれます。調理方法も、長い時間煮込んだり火を入れるものは減らしていきます。
　ただし、陰や極陰ばかりになってしまうと、まるでチョコレートのように、暑さにべたっと体も気も溶けて緩んでしまいます。梅干しや、梅酢、ごぼう、海藻、長期熟成醤油といった適度な陽性さでしゃきっとした力も取り入れましょう。夏は、食を正せば心臓と小腸を強化し、全身の血液をきれいに心と体の免疫力を高めることができるシーズンです。

秋になると木々はエネルギーを内へ内へと込め始め、種子が実ります。人間たちも、外より内へと気が向かう季節です。
季節の流れを敏感に感じ取り、食卓に秋の豊かな彩りや実りのエネルギーをとり入れてください。
食を通じて、そのようなエネルギーの流れを体に取り入れることで、人間の活動にも、仕事でもプライベートでも実りが生じるのです。
8月はまだ暑い時期ですが、ここで秋の食事に切りかえることで、秋の風邪や乾燥、アレルギーを乗り越えられます。

autumn

立秋
（8月8日頃）

立冬
（11月8日頃）

1　2　3　4　5　6　7　8　9　10　11　12 月

autumn day1 朝

autumn day 1 朝

玄米もちを使っているので、お米を炊くよりも簡単！ 朝にうれしいクイックレシピです。玄米もちは陽性で、熱をキープする力があるため、秋、冬にはぴったりの食材。つまり「力（エネルギー）もち」になるわけです！ おもちは焼くともっと陽性になります。食べると体が乾燥するのを感じるでしょう。白菜の塩もみは、エネルギーが滞りがちな秋に、体内の循環を促してくれます。たくさん食べても大丈夫ですよ。

玄米もち入り味噌スープ

2人分
乾燥わかめ ……… 3〜4㎝分
水 ……… 500cc
白菜の芯の部分 ……… 1〜2枚分
えのきだけ ……… 20g
発芽玄米もち ……… 2個
麦味噌 ……… 大さじ1

1. 鍋に乾燥わかめと水を入れる。わかめが戻ったら取り出し、ひと口大に切って鍋に戻す。
2. 白菜の芯は大きければ縦半分に切り、2㎜厚さのそぎ切りにする。えのきだけは石づきをとり、ほぐしておく。
3. 1を中火にかけ、沸騰してきたら2を加えて弱火で5分煮る。すり鉢に汁少々と麦味噌を入れて溶いておく。
4. 玄米もちを4等分して3に加えて約3分煮る。3の味噌を鍋に回し入れ、とろ火で約1分煮る。

白菜の塩もみ

2人分
白菜の葉の部分 ……… 1〜2枚分
天日塩 ……… 小さじ1/8
A [玄米甘酒 ……… 大さじ2
　　レモン汁 ……… 小さじ1]

1. 白菜の葉は、手で食べやすい大きさにちぎり、天日塩をふって皿1枚程度の重しをしてしばらくおく。その間にAを混ぜる。
2. 白菜の水分が出てきたら手でしぼり、器に盛り、混ぜたAをかける。

○ autumn day 1 　昼

夏の海苔巻きと似たような材料なのですが、秋らしくしょうが風味にしています。野菜を一度蒸して余計な水けをとるので、パンにバターやペースト類を塗らなくてもべちゃべちゃしません。よりヘルシーにするためのひと工夫です。テンペは、にんじんや小松菜と味や食感の相性が抜群です。今日は、ちょっとおやつ風の一品を足してリラックス感をアップしました。陽性の甘栗を陰性なりんごや寒天と煮て極端な陽性さを中和します。

テンペしょうがサンドウィッチ ..● いきぬきメニュー

2人分
- テンペ ……… 100g
- 全粒粉パン ……… 8枚（好みの厚さ）
- 醤油 ……… 大さじ1〜2
- 菜種サラダ油 ……… 大さじ1
- みりん ……… 小さじ2
- しょうが汁 ……… 小さじ2
- にんじん ……… ½本
- 小松菜 ……… 4枚
- 天日塩 ……… 適量

1. テンペは半分の厚さに切り、さらにパンの大きさに合わせて切る。菜種サラダ油をフライパンに温め、両面を焼く。みりんを入れて煮立て、弱火にして醤油を回し入れる。時々両面を返し、煮きる直前にしょうが汁を入れて煮きって冷ます。
2. にんじんは、縦に2mm程度の薄切りに、小松菜はパンの大きさに合わせて切り、それぞれ天日塩少々をふる。
3. ②の小松菜を約2分、にんじんとパンは約5分蒸して冷ます。パンに、水けをふきとった小松菜とにんじん、①のテンペをはさむ。まな板などで重しをしてなじませてから切る。好みで粒マスタードを塗っても美味しい。

甘栗とりんごの寒天煮

作りやすい分量

1. 寒天パウダー小さじ¼を60ccの水に入れて5分以上ふやかす。
2. 甘栗約40gは1個を4等分する。りんご½個も同じ大きさのさいの目切りにし、天日塩少々をふる。
3. 小鍋に①と②を入れ、沸騰させてから弱火にする。寒天パウダーの粒が見えなくなってから、かき混ぜながら1〜2分煮る。

autumn day 1
夜

寒くなるにつれ、火を入れる時間の長いおかずの割合を増やします。すると体もポカポカ熱が入って温まるのです。秋には、野菜や穀物の甘みを上手に引き出したおかずが大切。心と体の免疫力がアップします!! さらに、しょっぱさや辛み、酸味などもちょっとずつ、見た目も丸や細長い形、色も赤、白と少しずつ入れると……ほら、美味しそうでしょう! 陰陽バランスってそういうことなんです。陰陽が調和していると自然と美味しくなります。

はと麦玄米ご飯

2人分(＋翌日分)

- 玄米 ……… 2合
- 水 ……… 600cc
- 全粒はと麦 … 大さじ2
- 鉄火味噌(またはごま塩)… 適量

■ **下準備** 玄米は洗って5時間以上浸水させておく(水分量、炊き方詳細はP216)。
1. 下準備したものに、全粒はと麦を加えて圧力鍋で通常通り炊く。
2. 器によそい、鉄火味噌やごま塩など、しょっぱさがあるものをふる。

note …… 炊きたての熱いうちに、好みでごま塩などをふり、明日のお弁当のおむすびをむすんでおく。

ごま塩	天日塩、ごまをそれぞれから煎りしてすり鉢で合わせる。割合はごま14:塩1。市販のごま塩は、ごま6:塩1と、塩の割合が多いので、ごまを足すとベター。
鉄火味噌	鉄火味噌のおすすめは「鉄火みそ」有限会社大口食養村(☎0995-28-2708)です。とっても美味しくパワフルで、良質の陽性です。

するときは、右手で真ん中を支え、左手をすりこ木の上に添えて、すり鉢の中に円を描くようにする。

かぼちゃのポタージュ

2人分　　かぼちゃ……約300g　　　菜種サラダ油……小さじ2　　　浸し水（昆布5×5cm）……約450cc（かぼちゃの水分によって加減。P25）
　　　　玉ねぎ………1個　　　　天日塩………適量　　　　　　パセリ………少々

1. 玉ねぎはみじん切りにする。かぼちゃは、小さめのひと口大に切る。
2. 土鍋など厚みのある鍋に菜種サラダ油をひいて中火にかける。[1]の玉ねぎを入れて、さっと全体を炒めたら天日塩少々をふり、水大さじ2（分量外）を加える。ふたをせずに弱火で約3〜5分、玉ねぎから甘い香りがしてくるまで煮る。
3. [2]に[1]のかぼちゃと浸し水を昆布ごと加え（かぼちゃがかぶるくらい）、沸騰しそうになったら昆布を取り出し、弱火にする。かぼちゃがわずかに揺れるくらいの温度（約80度）を保ちながら、約15分、煮崩れるまで（かぼちゃが十分甘くなるまで）煮る。
4. 火を一度止めたら、煮汁約50ccをピリ辛こんにゃく用に取り分けておく。かぼちゃを取り出し、すり鉢ですって滑らかにしてから鍋に戻す。天日塩小さじ¾を加えて味を調えたら、とろ火で約2分煮る。器によそい、刻みパセリを浮かべる。

油揚げと椎茸の素焼きポン酢

2人分　　かぶ（大根でも可）…1個　　天日塩………少々　　　ポン酢………適量
　　　　生椎茸………4枚　　　　　油揚げ………1枚

1. かぶはすりおろす。椎茸には天日塩をふる。
2. 焼き網を熱し、弱火で椎茸と油揚げを焼く。油揚げは両面を2回ほど返して焼く。浮いてくる油をキッチンペーパーで押さえるようにふき取るとカリッとして美味しい。椎茸は両面にわずかに焦げ目がつくまでじっくり焼く。
3. [2]の油揚げを短冊切りにする。椎茸と油揚げが熱いうちに、[1]のかぶのすりおろしとポン酢をかける。

autumn day 1 夜

春菊とふのりのマスタードソース

2人分　　春菊 …………… 3本　　　　A ｜ 粒マスタード ‥ 小さじ½
　　　　　ふのり(乾燥) …… 6g　　　　　　｜ 白味噌 ………… 大さじ1
　　　　　　　　　　　　　　　　　　　　　｜ 水 ……………… 大さじ1

1. 洗った春菊をよく水きりして熱湯でさっと茹でる。盆ざるにあげて冷ます。ふのりは洗ってざるにあげ、自然にふやかす。
2. 小鍋でAをよく混ぜ合わせて弱火にかけ、約1分（白味噌が泡立つ程度）煮る。①のふのりを加えて冷ます。
3. ①の春菊の水けをよくしぼり、食べやすい長さに切って②と合わせる。

ピリ辛こんにゃく

2人分(+翌日分)　　こんにゃく ‥ 1枚　　ちくわぶ …… 1本　　醤油 ………… 大さじ1
　　　　　　　　　自然海塩 …… 適量　　赤唐辛子 …… 1本　　かぼちゃのポタージュの煮汁(P120) …… 50cc

1. こんにゃくは自然海塩少々をふってもんで、しばらくおいてから洗い流す。スプーンなどで小さめにちぎり、熱湯でさっと茹でて盆ざるにあげ、粗熱をとる。ちくわぶは1cm厚さの輪切りにする。唐辛子は種を取って、小口切りにする。
2. フライパンを熱し、①のこんにゃくをから炒りする。水分がとんでぷりぷりしてきたら、①のちくわぶと唐辛子と醤油とポタージュからとっておいた煮汁を加えて中火にかけ、ふたはしないで煮る。
3. ②が沸騰したら弱火にして、時々鍋をゆすりながら煮詰める。

autumn day 2 朝

122

autumn day 2 昼

autumn day 2 朝

蓮根は、呼吸器と腸のデトックスを促し強化する食材です。すりおろすことで、老廃物を溶かし、排出する力をアップ。呼吸器や腸が丈夫だと我慢強く、喜びを感じやすくなるんですよ。手の親指や人さし指をよくケガしたり、色が悪い人は肺と大腸からのサイン！ 蓮根で元気づけてあげて。そして今朝も青菜。肝臓を助けデトックスを促しますし、眼にもいいんです。「毎朝、フレッシュな青菜」は、人生が変わると思って実践してほしい習慣です。

蓮根のすりおろし雑炊

2人分　乾燥わかめ……7cm　　はと麦玄米ご飯(前日の余り)……1カップ　　麦味噌………大さじ2　　万能ねぎ……少々
　　　　水…………600cc　　蓮根…………40g　　豆腐(絹)………½丁

1. キッチンばさみで食べやすい大きさに切ったわかめを水に浸す(カットわかめはだしがあまり出ないので、自然食品店の乾燥わかめがおすすめ。塩抜きした塩蔵わかめもうまみがよく出ます)。
2. 1にはと麦玄米ご飯をほぐしながら入れて中火にかける。沸騰してきたら弱火でクツクツ10分、とろみが出るまで煮る。以降ふたはしない。
3. 煮ている間に蓮根をすりおろし、2に加えて約2分とろ火で煮る。すり鉢に麦味噌と汁を少々入れて溶き、鍋に回し入れる。
4. さいの目に切った豆腐も入れ、とろ火で2分煮る。小口切りにした万能ねぎを散らす。

蒸し小松菜

2人分　小松菜………3株　　天日塩………少々

1. 小松菜は洗って1枚ずつはずし、天日塩をふって蒸気のあがったせいろに置き、約3分蒸す。昼用に1株分残しておく。

autumn
day 2
昼

昨日のピリ辛こんにゃくの残りを活用した低カロリーなヘルシーフライ。こんにゃくやちくわぶのムニムニ感にピーナッツの食感をアクセントにしています。おろし葛ソースの大根おろしは、揚げ物や炭水化物の分解を促進、葛は胃腸を助けます。大根をかぶにかえてもいいでしょう。お弁当には、前日の余ったおかずを詰めるだけでなく、ほんの少しでいいのでフレッシュな野菜を加えて。体の気もフレッシュになり、顔色もよくなるんですよ。

ピリ辛こんにゃくフライ

2人分
ピリ辛こんにゃく（P121）‥ 半量
ピーナッツ‥ 10粒程度
地粉‥ 適量

A [全粒薄力粉‥ 適量
    水‥ 適量]

おろし葛ソース
大根おろし‥ 大さじ2
葛粉‥ 小さじ2

B [醤油‥ 小さじ1
    白たまり醤油‥ 小さじ1]

1. 昨晩の残ったピリ辛こんにゃくに、粗みじん切りにしたピーナッツを混ぜて地粉をまぶす。Aを溶いた衣をからめる。
2. 菜種サラダ油適量（分量外）を熱して、1をスプーンですくって落とし、からりと揚げる。
3. **おろし葛ソースを作る。**鍋に葛粉と水大さじ1（分量外）を入れて溶き、大根おろしと混ぜ、中火にかける。沸騰してきたら弱火にしてBを加えてかき混ぜながら煮る。白濁がなくなってから約1分火を通す。フライにかける。

余りご飯のおむすび ＆ 蒸し蓮根＆蒸し小松菜 ＆ 菊とりんごの和えもの

2人分

1. 前夜にむすんでおいたおむすびに海苔を巻く。前夜のうちに作れなかったら、ご飯を蒸し直しておむすびを作る。
2. お好みの分量の蓮根をひと口大に切って天日塩少々をふり、食べやすいかたさに蒸す。
3. 食用菊2輪は花びらをむしり、玄米もち米酢少々をたらした熱湯で1〜2分茹で、ざるにあげる。りんご¼個はひと口大に切り、塩水にくぐらせる。りんごと食用菊を和えて梅酢を数滴たらす。2、朝の蒸し小松菜とともにお弁当箱に詰める。

autumn day 2
夜

適量の黒豆は、体を温め老廃物を排出し呼吸器と腸を強める力があります。どちらも新陳代謝をよくするのにとても大切なところ。呼吸器系や腸のエネルギーが一新する秋・冬には特におすすめな食材です。そして、寒い季節の楽しみ、鍋！　植物性だけでも、ちくわぶや白菜、春雨など食感に変化をもたせ、薬味で香りを豊かにすると大満足の一品になります。お漬け物は、2日に1回は少量食べたいもの。血がきれいになります。

黒豆きびご飯

2人分（＋翌日分）

玄米 ……… 2合
水 ……… 650cc
（あれば）うるちきび（または、いなきび）…… 大さじ2
黒豆 ……… ½カップ
昆布 ……… 1枚（3×3cm）
天日塩 ……… 少々

● **下準備**　玄米は洗って5時間以上浸水する。うるちきびは目の細かいざるなどで洗って水けをきり、玄米といっしょに浸水させる（水分量、炊き方詳細はP216）。うるちきびを入れると甘みとふっくらした食感が増す。

1. 炊く直前に、黒豆をぬれ布巾でざっとふいてから、フライパンで表面の皮がぷちっと割れる程度にから煎りし、粗熱をとる。
2. 圧力鍋に昆布を入れ、下準備したものと1を加え、天日塩をふる。通常通り炊く。

note ……… 炊きたての熱々のうちに、手塩で明日のおむすびを作っておく。

黒豆の効果

黒豆は、肺や大腸、腎を強めてくれます。唇が黒ずんでいる人にもおすすめです。授乳中は、母乳の出をよくする作用もあります。体だけでなく、気持ちの新陳代謝にも有効。ただし豆は、食全体の5〜15％まで（成人）。食べすぎると消化できなくて逆に腸が停滞します。標準食のバランスシート（P212）は本当によくできています。

精進鍋

2人分（+翌日分）

昆布	1枚（10×5cm）	ちくわぶ	½本
水	1.2ℓ	白菜	3枚
かんぴょう	約40cm	緑豆春雨	90g
油揚げ	1枚	椎茸	2枚
発芽玄米もち	1個	えのきだけ	30g
大根	6cm	長ねぎ	1本
車麩	1枚	春菊	2株
がんもどき	1個		

たれ2種
- ポン酢 ……… 適量

A:
- 白煎りごま 小さじ1
- 白練りごま 大さじ6
- 醤油 大さじ3
- ゆず 適量

薬味
- 白煎りごま 適量
- 万能ねぎ 適量
- パセリ 適量

1. 昆布は水に浸しておく。かんぴょうは長さを半分に切って水で戻す。春雨は茹でて食べやすい長さに切る。
2. **もち巾着を作る。**油揚げは、必要であれば油抜きし（お豆腐屋さんや自然食品店のものなら必要なし）、一度、手や麺棒で上から押さえ（こうすると袋が開きやすくなる）半分に切る。玄米もちを半分に切って入れ、①のかんぴょうで口を閉じる。
3. 大根は1cm厚さの輪切りにし、半分に切る。①の昆布と水、大根を鍋に入れて中火にかける。
4. その間に、残りの具材を食べやすい大きさに切る。
5. ③が沸騰したら弱火にして、大根に半分程度火が通るまで煮る。
6. 昆布を取り出し、車麩、がんもどき、ちくわぶ、②のもち巾着を入れて煮る。
7. **ごまだれを作る。**白煎りごまをする。小鍋にAと⑥の煮汁大さじ1を入れて溶きながら弱火にかける。すったごま、ゆずの果汁大さじ1と皮少々を加え、ひと混ぜしてから火からおろす。
8. ⑥に春菊以外の野菜ときのこ類を入れる。取り出した昆布は好みの大きさに切るか、かんぴょう（分量外）で巻くなどして鍋に戻す。最後に春菊、①の春雨を入れて約1分煮る。
9. 薬味の万能ねぎ、パセリを一度冷水に放って水けをきってから刻み、香りのよいうちに、ポン酢、ごまだれと食べる。

autumn day 2
夜

切り干し大根のはりはり漬け（常備菜）

作りやすい分量　　切り干し大根 …… 25ｇ　　A ［ 米酢 …… 大さじ1　　B ［ 醤油 …… ¼カップ
　　　　　　　　　赤唐辛子 …… 1本　　　　　　 米飴 …… 大さじ2　　　　水 …… 大さじ3
　　　　　　　　　昆布 …… 1枚（3×5㎝）

1. 切り干し大根は水で戻してざるで水けをきる。食べやすい長さに切っておく。
2. 唐辛子は種を取り小口切りにする。昆布をキッチンばさみで1㎝角に切る。
3. 小鍋にAとBを入れて弱火にかけ煮溶かす。
4. 3と2の唐辛子と昆布を混ぜ合わせて1にかけ混ぜる。一晩以上たったほうが味がこなれて美味しい。冷蔵庫で一週間はもつ。

autumn day 3　朝

autumn day3 昼

autumn day 3
朝

寝坊した秋の朝ご飯に、こんなメニューはいかがですか？ 玄米甘酒は、消化分解しやすい糖質であるばかりでなく、必須アミノ酸、ビタミン、繊維の宝庫でもあり、朝にぴったりの発酵食品でもあります。今回は、寒くなってくる季節に合わせてしょうが葛バージョンにしました。体が温まり、また風邪をひきにくくしてくれます。お気に入りのカップで、楽しく味わいたいですね。

ジンジャー甘酒

2人分　A［水 200cc　　玄米甘酒 200cc
　　　　　葛粉 小さじ2　しょうが汁 小さじ2］

1. 鍋にAを入れて溶き、玄米甘酒を加えて中火にかけ、沸騰したら火を弱めてとろみが出るまで約4分時々かき混ぜながら煮る。
2. しょうが汁をたらし、約1分煮る。煮立てないように注意。

note ── 「馬鈴薯でんぷん」を「葛」と称して売っているものがありますが、表示に「葛」と書いてあることを確認して買ってくださいね。「馬鈴薯でんぷん」では、逆に体を冷やしてしまいます。

朝食抜きのススメ
朝起きるのが遅い現代人（成人）にとって、本来朝食抜きはとてもいい習慣です。なぜかというと目覚めてすぐの数時間は、いらないエネルギーや老廃物を排出する時間帯だから。食べすぎると、このチャンスを邪魔してしまい、体にも気持ちにも古いものが溜まってよどんでいきます。ところが、内臓が疲弊した現代人は「朝何か（糖質）を食べないと動けない、でもギリギリまで寝ていたい」という人も多いよう。そんなとき、こんな簡単メニューを知っておくと無理なく続けられますし、排出もさしてさまたげません。一般的な朝食メニューであるベーコンやハム、バター、精製糖入りの加工品などは、朝には負担の大きい食事です。

autumn day 3 昼

昨晩の鍋の残りを活用した気軽なメニュー。麺と合わせてもいいですね。お弁当に人気のおむすびはとてもいいものですが、毎日それだけではデスクワークの人には陽性すぎてしまうことがあります。ワンパターンが続くだけでも陽性化するんですよ。副菜に軽く茹でたメニューを加えて、陰陽のバランスをとりましょう。また、前日の残りに新しい野菜を加えると、陰性の開放的な力が入り、他人にフレッシュな印象を与えます。

野菜あんかけ

2人分　　精進鍋（P128）の残りの具　……　1カップ　　　　　　醤油　……　小さじ1　　　葛　……　約15g
　　　　精進鍋（P128）の残りのだし　……　250cc　　A　白たまり醤油　……　小さじ1

1. 鍋の残りをざるにあげ、だしと具に分ける。ちくわぶやがんもどきなどの加工品をひと口大に切り、フライパンや焼き網で軽く焼きつける。野菜も同じようにひと口大に切る。
2. だしに葛を溶き中火にかける。とろみが出てきたら弱火にして、時々かき混ぜながら、約5分煮る。弾力が出てきたらAを加えて、混ぜながら煮詰める（お弁当に持っていくなら、5分以上しっかり練りながら煮ること。そうでないと水分がもれて、ご飯がびしょびしょになってしまいます。不安な方は、あんかけを別の密閉保温容器に入れて熱々スープにしても）。
3. 1の具を2の鍋に入れて混ぜ合わせたら火を止める。

黒豆きびご飯のおむすび ＆ ボイルさやいんげんの梅かぼす添え

2人分

1. おむすびを前夜のうちに作れなかったら、昨晩の黒豆きびご飯適量を蒸しなおし、熱々の状態に手水と塩を適量つけてにぎる。
2. さやいんげん4本は端を落として食べやすい長さに切る。自然海塩少々を入れた湯で歯ごたえが残る程度に茹で、盆ざるにあげる。
3. 梅干し½個は種を取り、かぼす果汁小さじ½とすり鉢ですってペーストにし、冷ました2にかける。

autumn day 3
夜

秋に一度は作りたい栗ご飯。水につけることが、皮を簡単にむくコツです。メインのスープは、効果の高いデトックス食材"切り干し大根"でだしを取りました。溜まった脂肪や老廃物を溶かして出してくれます。「ねぎ味噌にんじん」は、肺などにたまった粘液や余剰エネルギーの排出を助け呼吸器を浄化します。そのうえ秋の花粉症や目の疲れも癒すスペシャルレシピ。弱火でじっくり炒めて甘みを引き出すことが美味しさの秘訣です。

栗ご飯

2人分（＋翌日分）　　玄米 …… 1½合　　栗 …… 15個程度　　天日塩 …… 少々
　　　　　　　　　　水 …… 600cc　　昆布 …… 1枚（4cm角）　　（好みで）ごま塩、鉄火味噌、古漬けのたくあんなど …… 少々

♠ **下準備**　玄米は洗って5〜8時間浸水する（水分量、炊き方詳細はP216）。

1. 栗の皮をむく。ひと晩水につけるか、約60度の湯に20分程度つけて皮を柔らかくしてからむくとよい。また、栗を水（湯）の中に浸したまま、ひとつずつ取り出してむくとむきやすい。
2. 栗と昆布、天日塩、下準備した玄米と水を圧力鍋に入れて、通常通り炊く。
3. ②を茶碗によそい、ごま塩や鉄火味噌、もしくは古漬けのたくあんを少し添える。

蒸し小松菜

2人分　　小松菜 ……… 2〜3株　　天日塩 ……… 少々

1. 小松菜の葉は洗って1枚ずつはずし、天日塩をふって約3分蒸す。食べやすい長さに切る。

切り干し大根と白い野菜の具だくさんスープ

2人分　　切り干し大根 … 20g　　カリフラワー … 1/3房　　豆腐（絹） … 1/2丁　　米飴 … 大さじ1〜2
　　　　　水 … 800cc　　　　　　かぶ … 1個　　　　　　塩 … 小さじ1/2　　　ゆず … 少々
　　　　　キャベツ … 1/4個　　　昆布 … 1枚（5cm角）　醤油 … 大さじ1〜3

1. 切り干し大根はさっと洗い水につける。キャベツは2cm厚さの回し切り、カリフラワーは小房に分け、かぶは縦4等分に切る。
2. 切り干し大根を水ごと鍋に入れ、昆布、キャベツを加える。水は具がかぶる程度。足りなければ足してから中火にかける。
3. 沸騰しそうになったら、1のかぶを入れる。再沸騰しそうになったら1のカリフラワーを入れる。さらに沸騰しそうになったら弱火にし、ふたをしてコトコト約20分煮て十分甘みを引き出す。塩、米飴、醤油を加え、食べやすい大きさに切った豆腐を入れて約5分煮る。ゆずのせん切りを天盛りする。

ひじきのバルサミコ煮（常備菜）

作りやすい分量　　長ひじき … 30g　　醤油 … 大さじ1〜2　　バルサミコ酢 … 大さじ1〜2　　オリーブオイル … 大さじ1

1. 長ひじきは洗ってぬるま湯で戻し、キッチンばさみで食べやすい長さに切り、戻し汁ごとやわらかくなるまでゆで、ざるにあげる。
2. 鍋に1、オリーブオイルを入れてざっと炒め、醤油、バルサミコ酢を回しかけて煮きる。
3. 好みの量を器に盛り、好みで刻んだパセリを散らす。余るので、翌日以降の常備菜に。3日はもちます。

note ……… バルサミコ酢は陰が強いので、咳が出ているときなどには抜きましょう。

ねぎ味噌にんじん（常備菜）

作りやすい分量　　長ねぎ……… 1本　　　水………… 50cc　　　麦味噌……… 大さじ1
　　　　　　　　　にんじん…… 1/2本　　天日塩……… ごく少々

1. 長ねぎは約2mm厚さの斜め切りにする。にんじんも2mm厚さの斜め切りにしてからせん切りにする。
2. フライパンを熱して水を入れ温めたら、1の長ねぎを入れ弱火で時々優しく返しながら炒め、ツンとした匂いをとる。このとき、雑につつきまわさないこと。
3. 2に天日塩をふったら全体にそっとなじませ、1のにんじんを上に散らす。焦げそうなら水を数滴ふってふたをし、弱火のまま約13分蒸し煮にして甘みを引き出す。その間に麦味噌を少々の水(分量外)とすり鉢でする。
4. にんじんに八分通り火が通ったら、3の味噌を回しかけ、ふたをして弱火で3分蒸し煮する。
5. 全体を木べらで返しながら味噌をなじませ、とろ火で水けを煮きる。沸騰させないこと。粗熱がとれたら密閉容器に移す。冷蔵庫で約5日間保存可能。

note……… マクロビオティック初心者の方は、水を油小さじ1 1/2にかえてもいいでしょう。

「ねぎ味噌」は、呼吸器浄化のメニュー

秋になるとせき込んだり、風邪をひく人が増えます。でも、それは秋に肺や呼吸器のエネルギーが入れ替わろうとするから。夏の間に溜まった粘液や余剰なエネルギーを排泄し、きれいになろうとしているのです。ここで紹介する「ねぎ味噌」は、呼吸器を浄化するメニューの代表格。陽性なにんじんを加えることで、春・秋の花粉症や鼻詰まりの改善、視神経の疲れ緩和の効果をプラスします。ただし、ひと夏以上寝かせた長期熟成の味噌でないと効果は落ちます。今日のレシピのようにプレーンな玄米ご飯ではなく炊き込みご飯と組み合わせるときは、油を使わず水で作ったほうがベターです。

autumn day 4 朝

autumn day 4 昼

autumn day 4
朝

朝は浄化の時間。梅干しにはそれをさらに助ける効果があります。ご飯の消化吸収を助けるだけでなく、余剰の炭水化物を脂肪として蓄積しないように排出します。眼や肌、神経系統にもよく、梅干しは本当に素晴らしい発明です。ご飯は昨晩の栗ご飯の余りを使いました。栗のほのかな甘さと梅干しのしょっぱさの調和がクセになる美味しさです。秋の青菜は蒸してからよく研いだ包丁で切ってくださいね。

栗ご飯の梅干しおじや

2人分　　栗ご飯（昨晩の余り。P135） ⋯⋯ 1½カップ　　梅干し ⋯⋯ 大1個
　　　　浸し水（昆布4×4cm） ⋯⋯ 600cc（P25）　　海苔 ⋯⋯ 少々

1　浸し水を昆布ごとと栗ご飯を厚手の鍋に入れ、弱めの中火にかける。梅干しは種を取り梅肉をすり鉢するか包丁で細かく刻む。
2　1の鍋が煮立ってきたら、昆布を取り出し、1の梅肉を入れて混ぜ合わせる。
3　ふたをして弱火でコトコト約20分、とろみがつくように煮る。
4　器によそい、あぶった海苔をちぎってのせる。

蒸しかぶの葉

2人分　　かぶの葉 ⋯⋯ 2～3個分　　天日塩 ⋯⋯ 少々

1　かぶの葉は洗って1枚ずつはずし、天日塩をふって約3分蒸す。食べやすい長さに切る。

autumn
day 4
昼

さつまいもは、ヒルガオ科で陰が強く常食向きではありません。特に腸や肌、陰部、唇が弱い人はさけましょう。鼻水、鼻詰まりの原因にもなります。でも、あの甘い美味しさが懐かしく我が家では秋の風物詩として、毎年、秋に時々楽しみます。陰性なので、ひじきやたくあんなど陽性なものを組み合わせますが、陰陽のバランスだけでなく、味もぐっと大人っぽく美味しさが増します。ひじきは、昨晩のおかずの余りを使いました。

さつまいもとひじきのパスタ ＆ 蒸しかぶの葉 ...● いきぬきメニュー

2人分	さつまいも 中1本	白味噌 小さじ1	たくあん .... 適量
	自然海塩 ...... 適量	全粒ペンネ 70g	ひじきのバルサミコ煮（昨晩の余り。P136）... 適量
	天日塩 .... 適量	精白ペンネ 60g	蒸しかぶの葉（朝の余り。P140）............ 適量

1. さつまいもは陰が強いのであく抜きする。端は落として、2cm角のさいの目切りにして、約3％の塩水（分量外）に約5分浸ける。
2. 1を洗い流して、鍋に入れ、天日塩少々をふり入れ鍋全体をゆすってからめるようにする。水少々（分量外）を入れ中火にかけ、沸騰したらふたをして弱火にし、約30分蒸し煮する。
3. さつまいもがほっくりしてきたら木べらなどでつぶし、白味噌、天日塩少々で味を調える。
4. 全粒ペンネをたっぷりのお湯に入れ、自然海塩少々を加えて茹でる。2分後、精白ペンネも入れ、指定通りの時間茹でる。同時にざるにあげる。
5. 4の水けをきって3と和える。
6. 器によそい、昨晩のひじきのバルサミコ煮、粗みじん切りにしたたくあんをあしらう。朝の蒸しかぶの葉の余りも添える。

autumn day 4 夜

秋が深まるにつれ、春菊や菊花など夏とは違う彩りの豊かさが目を引き、食卓を楽しくしてくれます。今日の食卓も味、素材や調理法などの陰陽のバランスをとっています。陰陽とは要するに反対の要素です。例えばこの日のメニューなら、ひと口ごとにいろいろな食材が入るご飯↔1種類ずつ食べるメイン、とろみのあるスープ↔シャキシャキした食感の副菜といったふうに。陰陽が互いを引き立て、美味しく、心身の陰陽バランスを整えてくれます。

きのこご飯

2人分（＋翌日分）

- 玄米 ……… 2合
- 水 ……… 600cc
- えのきだけ ……… 30g
- しめじ ……… 60g
- セイタン（P223）……… 25g
- ぎんなん（加工品でも可）……… 8粒
- 昆布 ……… 1枚（3cm角）
- にんじん ……… ½本

A
- 天日塩 ……… 適量（P217）
- 薄口醤油 ……… 大さじ1

♣ **下準備** 玄米は洗って水に5時間以上浸水させる（水分量、炊き方詳細はP216）。

1. きのこ類の石づきを取る。セイタンは洗って手で砕いてから、約20分水（分量外）に浸す。水けをきって5mm角のさいの目切りにする。にんじんは約2mmの斜め薄切りにしてからせん切りにする。ぎんなんはフライパンで軽く煎ってから殻と薄皮をむく。
2. 圧力鍋に下準備したものと昆布、1のきのこ、ぎんなん、にんじん、セイタンの順に入れて中火にかける。
3. 沸騰しそうになったら、Aを加えてふたをし、圧をかける。
4. 圧がかかったら弱火にして、あとは通常通りに炊く。焦げやすいので蒸らしを短くし、早めに鍋から飯台にあけること。

note ……… セイタンがなければ、油揚げや厚揚げで代用可。その場合、昆布、薄口醤油、天日塩を少し増やし、みりん少々も加えましょう。

ごぼうの白味噌スープ

2人分	ごぼう …… 10〜15cm	ごま油 …… 少々	白味噌 …… 大さじ4〜5
	玉ねぎ …… 小1個	浸し水（昆布5×6cm）…… 400cc（P25）	パセリ …… 適量

1. ごぼうは2mmの斜め薄切りにしてからせん切りにし、玉ねぎは薄切りにしてからみじん切りにする。
2. 鍋にごま油をごく薄くひいて熱し、中弱火でじっくりと①のごぼうを熱する。時々返しながら、ごぼうの甘みを引き出す。
3. ごぼうを端によせて①の玉ねぎを炒める。透き通ったらごぼうをかぶせて、浸し水を昆布ごと端から加えて中火にする。
4. 沸騰しそうになったら弱火で約15分煮て甘みを引き出す。白味噌を溶き入れて、味見をし、必要があれば天日塩少々（分量外）で味を調える。昆布は取り出し、せん切りにして戻す。
5. とろ火で約5分煮てから器によそい、刻んだパセリを散らす。

野菜と車麸の無水炊き

2人分	キャベツ 2枚	大根 …… 3cm	車麸 …… 1枚
	かぼちゃ 100g	天日塩 …… 適量	ごま油と菜種サラダ油 …… 各適量

1. キャベツは手でひと口大にちぎる。かぼちゃと大根は3mm厚さのいちょう切りにする。それぞれに天日塩少々をしっかりまぶす。
2. 車麸（水で戻さない）を素揚げし、食べやすい大きさに切る。
3. 厚手の鍋に②を入れ、水を鍋底から高さ2cm程度加えて沸騰させ、①をのせてふたをし、弱火で20〜25分煮る。

for men …… 味噌大さじ1と米飴小さじ1、水小さじ2を弱火で練り合わせ、火からおろし和辛子（粉末）小さじ⅛と混ぜる。

菊とかぶの葉のおひたし

2人分　　菊花 …… 4〜5輪　　A [みりん …… 小さじ2　　薄口醤油 …… 大さじ1
　　　　　かぶの葉 …… 2個分　　　 米酢 …… 小さじ2

1. 菊は米酢少々（分量外）をたらした湯で約1分茹で、水けをきる。
2. かぶの葉も約2分茹で盆ざるにあげて粗熱をとり、約4cmに切る。
3. Aを小鍋に煮立ててから、薄口醤油を加えてとろ火で少し煮てから火を止める。食べる直前に1と2を加えて和える。

for men …… やはり新鮮なかつおぶしとごまを。もしくは、刻みにんにくと刻みねぎを醤油、ごま油に浸して保存しておいたものを3のかわりにかけてもよいでしょう。

autumn day 5 朝

autumn day 5 昼

autumn day 5
朝

納豆は必須アミノ酸や消化酵素、ビタミンを豊富に含む素晴らしい食材です。煮豆よりずっと消化がいいんですよ。身近な調味料で和えるだけで、見かけも愛らしく、さまざまな美味しさを味わえる点も重宝します。ぜひ薬品ではなく、時間をかけて発酵させた本当の納豆の美味しさと香りを味わってくださいね。大根葉はデトックス効果が非常に高く、カルシウムは牛乳の約2倍含んでいます。

玄米ご飯 & いろいろ納豆 & かぶとアプリコットの浅漬け

2人分（+夜の分）

1. 玄米2合を水600ccにひと晩つける。圧力鍋で通常（P216）より心もち長めに炊く。
2. 納豆1パックを小分けにし、梅肉、ごま＆醤油、小ねぎ＆醤油、酢、マスタード、海苔＆醤油など好みのもので和える。
3. かぶ1個は2〜3mm厚さの回し切りにして、自然海塩小さじ1でもむ。皿などで重しをして15分以上おく。塩分を洗い流す。
4. ドライアプリコット1〜2個をちぎり3と和え、天日塩ごく少々をふり、皿で重しをして5分以上おく。食べる前に水けをしぼる。

大根葉としめじの味噌汁

2人分（+夜の分）　　大根 ……… 50g　　しめじ ……… ½パック　　麦味噌 ……… 大さじ2〜3
　　　　　　　　　大根葉 ……… 20g　　浸し水（昆布3×6cm）……… 600cc（P25）

1. 大根は2mm厚さの短冊切りにする。しめじは石づきを取ってほぐす。大根葉は食べやすい長さに切る。
2. 鍋に浸し水を昆布ごとと1の大根、しめじを入れて中弱火で約10分、昆布に泡が立つまで煮る。
3. 昆布を取り出し強火にして約2分煮る。1の大根葉を鍋に入れ1〜2分煮る。小さいすり鉢に汁少々をとり麦味噌を入れて溶く。
4. 3で取り出した昆布を食べやすい大きさに切って鍋に戻す。溶いた麦味噌を回し入れる。とろ火で1分煮る。

autumn day 5
昼

昨日の炊き込みご飯の余りが、ドリアに早変わりします。いろいろな具が入っていることで食感にバラエティがあって飽きません。葛粉でとろみをつけ、マスタードの酸味で味を引き締めています。意外と冷めても美味しいんですよ。ドリアのように複雑なメニューには、油や脂肪分の少ない、シンプルなものを組み合わせます。ごまを美味しく料理する秘訣は、丁寧に煎って香ばしさを引き出すこと。ごまのカルシウムは牛乳の約10倍もあります。

きのこご飯の豆乳クリーミードリア　‥● いきぬきメニュー

2人分
- カリフラワー ……… 120g
- 天日塩 …………… 少々
- きのこご飯（昨日の余り）…… 200g

A
- 無調整豆乳 ……… 150cc
- 葛粉 …………… 小さじ2
- 白味噌 ………… 大さじ1
- マスタード ……… 小さじ½

B
- パン粉 ………… 大さじ2
- パセリ（刻む）…… 少々

1. カリフラワーを小房に分け天日塩をふる。耐熱皿に薄く菜種サラダ油（分量外）を塗って、きのこご飯、カリフラワーの順に置く。ホイルをかけ、オーブンに入れて約180度で5分焼く。（プレーンご飯の場合は、具と醤油を炒めて足す。）
2. Aをすり鉢で溶いて1に回しかけ、Bを散らして再びホイルをかけ、オーブンに入れて180度で10分焼く。

大根葉のシンプル黒ごま

2人分
- 大根葉 …… 40g
- 洗い黒ごま …… 大さじ2
- 自然海塩 …… 大さじ1

1. 大根葉は自然海塩を入れた湯で2分茹で、水けをきって食べやすい大きさに切る。
2. 黒ごまをふっくらと煎って、すり鉢ですり、1に和える。

autumn day 5 夜

スープは朝と同じなのに、薬味でこんなにも変化します。きんぴらは緩んでいるおなかを締め、いわゆる「腹の据わった」人にしてくれます。皮膚も強くし、足痩せ効果もあるんですよ。また鼻の浄化にも効果てきめん。こういうふうに細く切ってしっかり火を入れるエネルギーが、秋には必要です。かぼちゃやカリフラワーの甘みやほっくり感はとても大切で、気持ちを穏やかにし、唇の荒れも防ぎます。海苔かぼすの香りがさらに食欲をそそります。

玄米ご飯 ＆ 大根葉としめじの味噌汁

2人分

1 朝の余りの玄米ご飯適量を蒸しなおす。
2 朝のお味噌汁の余りに水と味噌少々を足して煮なおす。万能ねぎの小口切りをたっぷりと、白煎りごま少々を散らして風味を朝と変える。男性にはかつおぶしもよいでしょう。

memo …… できれば古漬けのたくあん、もしくは鉄火味噌を添えると理想的。

蒸しかぼちゃと蒸しカリフラワー

好みの分量　　　かぼちゃ …… 好みの分量　　　カリフラワー …… 好みの分量　　　天日塩 …… 適量

1 かぼちゃは2cm厚さの回し切りにして、ひと口大に切る。カリフラワーも小房に分け、天日塩少々をふる。
2 1をそれぞれセイロに入れて、かぼちゃは約15分、カリフラワーは5〜10分蒸す。

for men …… 塩をふってねぎや大根を蒸します。仕上がり直前にラー油またはごま油をひとたらし。

生麩ソテーwith海苔かぼすソース

2人分　　水 …………… 50cc　　　醤油 …………… 小さじ1〜2　　　ごま油 …………… 小さじ1〜2
　　　　　海苔 …………… ½枚　　　かぼす ………… ½個　　　　　　　生麩(粟麩でも可) … 1本

1. 海苔はできるだけ小さくちぎって鍋に入れ、水に20分以上浸しておく。ふやけたら弱火にかけ醤油を加えて煮きる。煮きる直前にかぼすのしぼり汁小さじ1を加える。
2. フライパンを熱してごま油を入れ、約2cm厚さに切った生麩の両面を焼く。
3. 2を器に盛り1のソースをかけ、かぼすの皮のすりおろし少々を散らして香りをたてる。

きんぴら(常備菜)

作りやすい分量　　ごぼう …… 80g　　　ごま油 …… 小さじ1〜2　　　醤油 …… 小さじ2
　　　　　　　　　にんじん … 80g　　　天日塩 …… 適量

1. ごぼうは約2mm厚さの斜め薄切りにしてからせん切りにする。にんじんも約2mm厚さの斜め薄切りにしてからせん切りにする。
2. フライパンにごま油を薄くひいて熱する。煙が立つ直前に1のごぼうを入れ弱火でじっくり、甘い香りがするまで熱する。つつきまわさないこと。時々そっと木べらで返すくらいにし、無駄にいじらない。
3. 2に天日塩ごく少々をふり、1のにんじんを上に重ねて小さじ2程度の水をふり入れてふたをして約20分蒸し煮する。
4. 3のにんじんがやわらかくなったら、醤油を鍋肌から回し入れ、鍋をゆすって全体になじませる。弱火で煮きる。

● マクロビオティックはお金がかかる？

　マクロビオティックが敬遠される理由の一つに「お金がかかる」ということがあるようです。それは本当でしょうか？
　元気のための食費は、結局それを欠くと医療費や光熱費、美容費の出費を増やします。食費は、自己啓発費、美容費、医療費等を含んでいる、といえないでしょうか。それに、マクロビオティック食＝体と心が求めている食がもたらす安定感と満たされる感覚はかけがえのないものです。本質的に満たされていないと、その感覚を埋めようと、さまざまな刺激や快楽を求めて刹那的な消費などに走りたくなります。
　オーガニックやそれに近い食品を買うことは贅沢、という見方もあります。確かに、オーガニックのスイーツや嗜好品をたくさん食べるのは、経済的に余裕がないとかないません。でもそれは楽しみとしての食です。本当に必要なオーガニックや特別栽培の玄米や本物の味噌、旬の野菜の出費なら、それほどではありません。
　医療費負担の増加は日々深刻さを増していますが、私たちが元気になる食の情報が正しく伝えられ、実践の土壌と農業政策が整えば、財源以前に医療費自体が大きく変わるはずです。また、土や田んぼの自然な循環を大切にした栽培方法、国産のものを多く選ぶことは環境改善にも協力できる消費スタイルです。加工品の割合が減るのでごみも自然と減ります。穀物を牛たちに食べさせて牛を食べるより、穀物を直接食べればうんと少しですみます。先進国の人間が10％肉食を控えるだけで、地球上の全飢餓人口を養えるという試算もあるほどです。肉食や乳製品を少しにすれば、牛や乳牛たちも、現代のように無理に妊娠させるのではなく本来の自然のサイクルでお乳を出せるようになるかもしれません。私たちの心身に負担をかけるものは、結局、環境や他の生き物、第三者にも負担が大きいのです。食は最も身近な経済行為。私達の未来を幸福にするようなモノやサービスの生産者の仕事を「買う」行為を通じて支持していきたいですね。
　それに、風水などのもとにもなっている陰陽五行の観点からいえば、金運は腸が決めるんですよ。腸が緩みすぎても、詰まり過ぎてもお金はうまく回りません。お金といっしょにやってくる「気」が悪くなると考えられています。腸を強くするには、もちろん、マクロビオティックの実践が一番！　それと、きちんと食べることもとても大切。ながら食べや姿勢の悪い食べ方、挨拶をしない、など無秩序な食べ方が腸を弱めます。

autumn sweets 1

autumn sweets 2

organic base | table of autumn

ノンオイル・ジンジャーソテーは果物と塩と水だけで十分美味しいスイーツ。熱々でも冷めても美味です。栗葛あんみつのポイントはなんといっても醤油を加えること。スイーツの陰陽バランスを調えるだけでなく、美味しさも一段と増すんです。かぼちゃプリンは、プリン本体だけでも美味しいのですが3層にし、秋にはしょうが汁をアクセントにすることでグンと洗練されたスイーツになります。そして秋になると恋しくなる焼き菓子には、マクロビオティックのクッキーの中でも、よりヘルシーなタイプのソフトクッキーをご紹介します。

autumn sweets 1

りんごとぶどうの、ノンオイル・ジンジャーソテー

2人分　　ぶどう（大粒、薄い色のもの）……12粒程度　　しょうが……8g　　イタリアンパセリやミントなど……適量
　　　　紅玉など酸味のあるりんご……1個　　天日塩……少々

① ぶどうは皮ごと半分に切って種を取る。
② りんごは皮ごと1cm厚さのひと口大に切る。しょうがは皮を包丁の背でこそげて約5mm厚さの薄切りに。果物に天日塩をふる。
③ 小鍋に水少々（分量外）と②のしょうがを入れて沸騰させ、香りがたったら①のぶどうと②のりんごを加えてふたをして弱火で約5分蒸し煮する。
④ 器に盛ってイタリアンパセリやミントを散らす。HotでもColdでも美味しい。

autumn sweets 2

栗葛あんみつ

2人分	栗	6個	水	300cc	A	甜菜糖	100g
	葛粉	35g	醤油	小さじ1		水	100cc

1. 鍋に栗を入れ、栗の頭から8cm上まで水をはって約30分茹でる。1個ずつ取り出しながら皮をむく（ざるに一度にあげるとどんどんかたくなってしまい皮むきが大変になる）。好みの大きさに切る。
2. 葛粉を少しずつ水で溶かしたら中火にかける。煮立ってきたら木べらなどでかき混ぜながら透明になるまで煮る。
3. ②に①を加えて、さらに中弱火で約5分練る。
4. ③をスプーンですくい氷水に落としてかためる。ざるにあげて水けをきる。
5. Aを小鍋に入れて弱火で煮溶かす。醤油を加えてさらにとろみがでるまで煮る。
6. 器に⑤を入れて④を浮かべる。HotでもColdでも美味しい。

autumn sweets 3

くるみとドライアプリコットのソフトクッキー

12枚分

A
- くるみ ……………………………… 8粒
- ドライアプリコット（ソフトタイプ）… 20個
- 全粒薄力粉 ………………………… 100g
- ノンアルミベーキングパウダー …… 小さじ⅓

B
- メープルシロップ ………… 小さじ2½
- 菜種サラダ油 ……………… 大さじ2½
- 水 …………………………… 50cc
- 天日塩 ……………………… 少々

1. オーブンは180度に予熱する。この予熱時間でくるみを4〜5分焦がさないようにローストし、粗みじんに切る。
2. ドライアプリコットは5mmの角切りにする（ハードタイプの場合はりんごジュース少々で戻して切る）。
3. Aをボウルに入れて泡立て器で混ぜる。
4. 別のボウルでBの材料を泡立て器でよく混ぜ合わせる。しっかり乳化させること。
5. ③に④を入れて、ゴムべらで練らないように手早く混ぜ、さらに①のくるみと②のドライアプリコットも加えて混ぜる。
6. オーブンシートを敷いた天板の上に、⑤の生地を12等分し、スプーンで落とし、厚みを均一にならしていく。
7. 温めておいたオーブンで13〜15分焼く。網の上に置き湿気ないようにして十分冷ます。

note ……………… 大きさと厚みで、ずいぶん食感が変わるので何回か試して好みのサイズを見つけて。

autumn sweets 4

かぼちゃプリンのアプリコットソースがけ

4個分

土台
イタリアンオーガニックビスケット ……… 適量

A [
穀物コーヒー ……… 大さじ1
水 ……… 大さじ2
メープルシロップ ……… 小さじ2
]

プリン
寒天パウダー ……… 小さじ1/4
無調整豆乳 ……… 120cc
かぼちゃ ……… 300g（皮とわたを取った正味）
天日塩 ……… 少々
水 ……… 大さじ2

B [
豆乳 ……… 大さじ2〜2 1/2
葛 ……… 大さじ1
]

メープルシロップ ……… 大さじ2

ソース
ドライアプリコット（ソフトタイプ）……… 40g

C [
りんごジュース（ストレート）……… 150cc
塩 ……… 少々
]

しょうが汁 ……… 10〜15cc

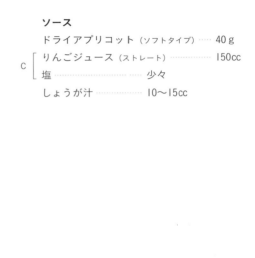

1. **下準備をする。** 寒天パウダーを豆乳でふやかす。ドライアプリコットは刻んで水100cc（分量外）でふやかす。
2. **土台を作る。** 器に砕いたビスケットを入れる（甘くないかたいものがおすすめ）。
3. 小鍋にAを入れて煮立たせたら2に染み込ませる。
4. **プリン本体を作る。** かぼちゃは適当な大きさに切り天日塩をふって厚手の鍋に入れ、水を入れて火にかけ、フツフツしたら弱火にして蓋をし、約20分（竹串がスッと通るまで）蒸し煮する。ざっと皮を取って300ｇ計り、熱いうちにマッシャーなどでつぶす。
5. 1のふやかした寒天を火にかけ沸騰直前に弱火にして、よく煮溶かす。火を止めて4に加え全体を混ぜる。
6. Bをよく溶き合わせ、5にメープルシロップと加えて再び中火〜弱火で約5分、とろみがつくまで練る。焦げそうなときは、水少々を足しながらでよい。3の上に流し入れる。
7. **アプリコットソースを作る。** 1のアプリコットは、Cとともに鍋に入れて、弱火で約10分コトコト煮る。とろみが出てきたら火からおろしブレンダーでピューレ状にする。
8. 6に7をのせしょうが汁を均等にかけて、粗熱がとれたら、冷蔵庫に入れよく冷やす。子供にはしょうが汁はなくてもＯＫ。

note .... イタリアンオーガニックビスケットのかわりに、乳製品不使用のビスケットやかたくなったパンなどでもいいでしょう。ソースは、市販のノンシュガーアプリコットジャムをりんごジュースで煮直すだけでもOK。今回は、かぼちゃの皮をむきましたが、むかなくても美味しいですよ。

低血糖症に欠かせないかぼちゃ

かぼちゃは、低血糖症や糖尿病の人には欠かせない食材です。低血糖症の自覚しやすい症状は、甘いものやコーヒーがやめられない、冷え性、便秘、不眠、生理不順、巻き爪、外反母趾など。一見軽い症状に思えても、不妊症、過食症、糖尿病など深刻な疾患のもとなのです。

● 秋の献立のたてかた

　現代日本で、最も季節を感じにくいのが、秋かもしれません。とんぼや野生のすすきを、都会で見られないのはいたしかたないとしても、秋の風物詩、台風も今は5月頃やってきますし、寒くなるのもどんどん遅くなっています。街のイルミネーションは、すぐにハロウィンになり、それが終わると11月でもクリスマスの飾り付けで、秋を飛び越えて、夏→冬といった昨今です。

　現代の秋の風物詩は、悲しいかなインフルエンザや咳、唇の荒れでしょうか。インフルエンザは、ウイルスによるもの、咳や唇の荒れは乾燥が原因という認識が一般的です。でもウイルスにやられてしまわない体を自分でつくることが一番大切です。予防接種は確かに効果があるでしょうが、その種のウイルスにしか対抗性がなく、新しいウイルスはどんどん生まれます。やはり、かかる危険性を下げるために、普段から食や運動で体を強くしたいものです。人工的な環境による乾燥は確かに呼吸器をも不自然に引き締め、負担になりますが、咳は肺に粘液が溜まっているサイン。唇の荒れは胃や膵臓、腸が弱っているサインです。毎日の食事で内側からケアしましょう。

　秋の素材は力強く、シンプルな調理でも味わいが豊かです。ねぎや玉ねぎは、呼吸器を特に浄化してくれます。ひじきや切り干し大根は腸を引き締め、排出も促進してくれます。大根葉や白い野菜は、全身を浄化してくれます。夏とは変わり、じっくりと火を入れたものを増やして体を温めましょう。例えばスイーツも、生の果物のように体を冷やすものより、火を通したものや焼き菓子のように温めるものにします。秋は、実りの秋でエネルギーが種のように内側に集まっていきます。料理もちょっと集中して作りましょう。それだけで、できあがりのエネルギーと味が濃くなり、美味しさと効果が高まります。油を少し使うと、熱をキープし、体を温めてくれます。寒くなるにつれ、味もやや濃く、陰陽でいうと少し陽性さを増やして寒さに備えます。ただし、とろみややわらかさ、青菜、甘みなどの陰性も必要。陽性だけだと体が締まりすぎてしまいます。

　でも、なんといっても秋のご馳走は新米。ご存じの方も多いでしょうが、旧字体の気はメ部分が米でした。お米をしっかり噛んで、気を養いましょう。そして改めて大地の恵み、命をつないでくださったご先祖達の奮闘に感謝したいものです。

世間で冬といえば12〜3月。でも少し早めに体の内側からも冬支度を始めましょう。
体を冷やす強陰は控えて、リラックスするくらいの陰としっかり体を温める陽をたっぷりとりましょう。
現代日本の冬は地域で寒暖差が一層激しくなっています。
お住まいの地域に合わせてレシピは調整してくださいね。寒い地域では塩と油脂を多めです。

winter

立春
（2月4日頃）

立冬
（11月8日頃）

1　2　3　4　5　6　7　8　9　10　11　12 月

winter day1 朝

winter day 1 昼

organic base | table of winter

winter day 1 朝

白味噌は麹が多く、普通の味噌よりずっと陰性です。「陰性を、冬に食べてもいいの？ 熱を逃がすんじゃなかった？」と思われるかもしれませんね。寒いと体や血管が緊張して締まってきます。そこに、よい陰を少しとるとほっと体がゆるんでリラックスし、逆に血の巡りがよくなって体が温まるんですよ。これが白砂糖や生クリームほどの強い陰だと、体が冷えてしまいます。りんごは、炭水化物消化酵素を含み、おもちと合います。

発芽玄米もちスープ

2人分
水　　　　　450cc
乾燥わかめ　　7〜10cm
発芽玄米もち　3個
豆もやし　　　15g
白味噌　　　　大さじ2〜3
ゆずの皮　　　少々
春菊　　　　　2本
醤油　　　　　適量

1. 水に乾燥わかめをキッチンばさみで食べやすい大きさに切りながら入れる。発芽玄米もちは4等分する。
2. ①の水とわかめを中弱火にかけ、沸騰してきたら豆もやしを入れてしばらく煮立て、①のもちを入れ火を弱めて約3分煮る。その間に、鍋から汁少々をすり鉢に取り分けて白味噌とよく溶く。
3. 溶いておいた白味噌を回し入れて醤油を好みの量たらし、とろ火で3分煮る。4cm長さに切った春菊を入れ、火からおろして器によそい、ゆずの皮のせん切りを散らす。

りんご

2人分
りんご　　1/4個
約3%の塩水　　適量（例：800ccの水に小さじ1/2）

1. りんごを1cm厚さのいちょう切りにして、塩水にさっとくぐらせる。

winter day 1

昼

これは、トーストを食べたくなったときのいきぬきメニューです。長芋はさつまいもやじゃがいもと違い陽性さをもち、冬向きの食材。なお、子供は、こんな風に酸味のあるメニューは嫌がることも多いので、そんなときは練りごまかピーナッツペースト＋米飴またはメープルシロップといった甘めのクリームがおすすめです。トーストは体を乾燥させるので、のどが渇いたら、この季節は、みかんやぽんかんを合わせます。

長芋トースト　..● いきぬきメニュー

2人分

- 長芋 ………… 1本（約180g）
- 全粒粉パン … 2枚（厚めが美味しい）

A
- 白味噌 ……… 大さじ1
- 梅酢 ………… 小さじ1
- しょうが汁 … 小さじ1

1. 長芋はひげを焼いて、皮付きのまますりおろす。
2. Aをすり鉢で合わせたら、1を加えてさらにすり合わせる。
3. パンに2を厚めに塗って、オーブントースターで焼く。

note …… 炒めた野菜などをのせても美味しいです。また、長芋のひげ（細い根）をさっと焼くと口当たりもよく、臭みも抜けます。

winter day 1
夜

ご飯にかぼちゃの種とゆかりをかけると、ちょっとチーズっぽい風味が加わり、歯ごたえもアクセントに。車麩ソテーは、ボリュームがありお弁当のおかずにもピッタリです。シンプルだけど大切なのが玉ねぎの蒸し煮。十分に糖化させた甘みと、ゆっくりと火を入れる調理法が、激しいエネルギーに翻弄されがちな現代人の体を安定させ、心も落ち着かせます。豆味噌は陽性なので、この時期に根菜といっしょに食べると美味しく、体が温まります。

玄米ご飯

2人分（＋翌日分）

玄米 ……… 2½合
水 ……… 800cc
かぼちゃの種 ……… 1碗につき大さじ1弱
ゆかり ……… 少々

● **下準備** 玄米は水に5時間以上つけておく（水分量、炊き方詳細はP216）。
① 通常より弱火の炊き時間を5分長くして炊く。あとは同じ。かぼちゃの種とゆかりを散らす。

note ……… コンディメントは増やすほどに陽性です。その日のご自分の体調に合わせてくださいね。

しょうが豆味噌スープ

2人分
- 大根（下のほう） …… 4cm
- にんじん …… ½本
- ブロッコリー …… ½個
- 豆味噌 …… 大さじ2
- しょうがのすりおろし …… 少々
- 万能ねぎ …… 少々
- 浸し水（昆布2×6cm） …… 600cc（P25）

1. 大根は小さめの乱切りにする。にんじん、ブロッコリーも、大根に大きさを合わせて切る。
2. 鍋底から約5mmの高さまで水（分量外）を入れて沸騰させる。1の大根を入れ、表面を茹で軽くソテーするイメージで臭みをとばす。
3. 大根から甘い香りがしてきたら、1のにんじんとブロッコリーを上に重ねて、昆布ごと浸し水を注ぎ入れ、ふたをしないで弱めの中火で約10分、昆布から泡が出るまで煮る。
4. 昆布を取り出して少し火を強め、だしが500〜450ccくらいになるまで煮詰める。その間に、鍋から汁少々をすり鉢に取り分けて豆味噌をよく溶く。
5. 4で溶いておいた豆味噌を回し入れ、取り出した昆布を食べやすい大きさに切って戻す。とろ火にして1分煮たら、火からおろし器によそう。小口切りにした万能ねぎとしょうがのすりおろしをのせる。

車麩のやわらかソテー

2人分
- 全粒車麩 …… 2枚
- 醤油 …… 小さじ2
- 菜種サラダ油 …… 大さじ1〜2
- 浸し水（昆布2×6cm＋干し椎茸小1枚） …… 200cc
- A
  - 地粉 …… 大さじ1
  - 天日塩 …… 少々
- パン粉 …… 大さじ2〜3

winter
day 1
夜

1. 車麩を浸し水につける。ふやけてきたら、麩は4〜6等分、昆布と干し椎茸はひと口大に切る。これらを浸し水といっしょに鍋に入れ、中火にかける（ふたはしない）。
2. ①の水分が約半分になったら、醤油を回し入れ、ときどき上下を返しながら、水けがなくなるまでしっかり煮詰める。
3. ②の粗熱がとれたら、Aをふりかけ、全体になじませパン粉をまぶす。
4. 温めたフライパンに菜種サラダ油をひいて、まず③の両面→側面と焼き色をつける。最後に全体をざっと木べらで混ぜる。

玉ねぎの蒸し煮

2人分　　玉ねぎ……1個（小なら2個）　　天日塩……少々　　水………適量（約大さじ1）

1. 玉ねぎは皮をむき、繊維に直角に刃を入れて（早く甘くやわらかくなる陽性な切り方）5mm厚さ程度に切る。天日塩をふる。
2. 厚手の鍋に①と水を入れて中火にかけ、沸騰したら弱火にし、きっちりふたをする。20〜30分、玉ねぎが透明になり十分に糖化するまで蒸し煮する（厚手の鍋なら、沸騰後、火からおろしタオルでくるんで余熱調理もできる）。

春菊と桜の花の小さな海苔巻き

2人分　　桜の花の塩漬け……約15個　　自然海塩……少々　　春菊………100g　　海苔…………½枚

1. 桜の花の塩漬けは水に20〜30分つけて塩抜きし、水けをしっかりふきとる。急ぐときは水をかえて何度か洗う。
2. 鍋に湯を沸かし、自然海塩を入れる。春菊をさっと茹で（約1分）、冷水に通してざるにあげ、水けをしぼる。
3. 海苔のつやつやした面をさっとあぶり、そちらを下にして巻きすの上に置く。
4. ③の上に②の春菊を茎と葉がたがい違いになるように並べ、中心に①の桜の花の塩漬けを並べて巻く。8等分に切る。

winter day 2 朝

winter day 2 昼

winter day2
朝

味噌汁と穀物の組み合わせは季節を通してご紹介してきましたが、寒さが深まるにつれ、味噌を入れるタイミングを早め、煮込む時間を長くします。味噌の香りはとびますが、まろやかな甘さが増します。冬の味噌おじやは、血液をきれいにし、強くしますから、ウイルスに負けにくい体になります。ポイントは火加減。とろ火で優しく煮詰めて。冬に少しの青菜を食べると、体を陽性にしすぎず、温かいけれどみずみずしい状態にしてくれます。

玄米おじや

2人分　乾燥わかめ……7cm　　水………400cc　　　　　　　　　　A [豆味噌………大さじ1
　　　　油揚げ………1/2枚　玄米ご飯（昨日の夜の余り）150g　　　 麦味噌………大さじ1]
　　　　かぼちゃ……50g

1. 鍋に水を入れて、そこへ乾燥わかめを手で食べやすい大きさに切りながら入れる。鍋を中弱火にかける。その間に油揚げを横半分に切り、さらに8mm幅に切る。かぼちゃは3mm厚さのいちょう切りにする。
2. 湯が沸騰したら、1の油揚げとかぼちゃと玄米ご飯をほぐして入れて、弱火で約2分煮る。鍋から汁少々をすり鉢に取り分けてAとよく混ぜ合わせておく。
3. 溶いた味噌を鍋に入れ、とろ火で表面がプクプクするくらいの火加減で約20〜30分煮る（焦げない程度に煮詰める）。

小松菜の塩茹で

2人分　小松菜………8枚　　自然海塩………少々

1. 鍋にたっぷりの湯を沸かし、自然海塩と小松菜を入れて、さっと（約2分）塩茹でする。水けをしぼり器に盛る。

winter day 2
昼

炒めた蓮根と醤油の香ばしさが食欲をそそる焼き飯です。焼き飯はちょっと陽性な方法で、パワーが出ます。冬なので、少し油を使って体を温めましょう。油はそれ自体は陰性ですが、火にかけると熱をよく吸収し、とても陽性なエネルギーに転じます。昔から、寒い地方で油が重宝されたわけがわかりますね。好みで、水につけて塩抜きしたセイタン（P223）を入れても美味しいです。火加減水加減を上手に、ベチャッとならないよう仕上げましょう。

蓮根の焼き飯

2人分
蓮根 ……… 1節（200g）　白洗いごま ……… 小さじ1½　万能ねぎ ……… 1本
天日塩 ……… 少々　玄米ご飯（昨日の余り）……… 400g
ごま油 ……… 大さじ1　醤油 ……… 大さじ1程度

1. 蓮根を5mm厚さの輪切りにして天日塩をふる。大きい場合はいちょう切りにする。
2. 中華鍋にごま油を温め、弱火にし、洗いごまと①の蓮根を入れて、両面に焦げ目がつく程度に炒める。
3. ②に玄米ご飯をほぐしながら入れて、香りづけに醤油数滴（分量外）と水少々（分量外）をふり、ふたをして2〜3分、弱めの中火で蒸し煮する。
4. ふたを開け、強めの中火で手早く鍋をゆすって全体を合わせ、醤油を鍋はしから回し入れて仕上げる。器に盛ったら、小口切りにした万能ねぎを散らす。

◯ winter day 2 夜

コロッケといえばじゃがいもですが、残念ながら極陰性の食材です。鼻水・鼻詰まりの原因になるほか、胃腸もゆるみやすくなるので、我が家では時々楽しむくらいにしています。今日は、大和芋のコロッケをご紹介します。つけ合わせもパリパリに揚げた春雨と水菜で、食感もさまざまで飽きません。蒸し野菜やユリ根の甘み、辛子味噌大根の辛みなど、今日も楽しい、陰陽のハーモニーを食卓に込めました。

玄米きびご飯

2人分（＋翌日分）　玄米……2合　水……620cc　天日塩……少々　うるちきび（またはいなきび）……大さじ2

- **下準備**　玄米を水につけて5時間以上おく（水分量、炊き方詳細はP216）。
1. 下準備したものに天日塩ときびを加えて、通常通り炊く。

note……翌日昼分の海苔巻き用のご飯400gを取り分けて、炊きたてのうちに梅酢大さじ1をふって切るように混ぜておく。

ユリ根ととろろ昆布のおすまし

2人分　水……450cc　醤油……大さじ1　ゆずの皮……少々
　　　ユリ根……½個　とろろ昆布……ふたつまみ

1. 水を鍋に入れて沸騰させたら弱火にし、1片ずつむいたユリ根を入れてやわらかくなるまで煮る。
2. 1に醤油を入れてとろ火で1分煮る。
3. 器によそい、とろろ昆布をのせ、ゆずの皮のせん切りを散らす。

大和芋コロッケ

4個分

	大和芋	220g		たくあん	25g
	セイタン（P223）	30〜40g	B	地粉	大さじ3〜4
A	米酢	大さじ1		水	大さじ4〜5
	醤油	大さじ2		パン粉	適量
	水	小さじ2		春雨	適量

水菜　　1株
天日塩　少々
揚げ油（菜種サラダ油とごま油を半量ずつ合わせる）　適量

1　大和芋は皮のまま約2cmの輪切りにし、天日塩をふっておく。セイタンは水に約30分浸す。
2　Aを小鍋でとろ火で煮合わせ、冷ましておく。
3　1の大和芋を約15分やわらかくなるまで蒸す。たくあんは水でさっと洗ってみじん切り。1のセイタンも水けをきって1cm角に切る。
4　3の大和芋が蒸し上がったら、皮をむいてマッシャーでつぶす。3のたくあんとセイタンを混ぜ4個のコロッケ形に丸める。
5　Bを混ぜ合わせたものに4をくぐらせ、パン粉をまぶす（この状態で冷凍可）。
6　揚げ油を熱して、高温で5がきつね色になるまで揚げる（中身は火が通っているので長く揚げなくてよい。温度が下がったり、何度もひっくり返すとべとついた揚げ物になるので注意）。同じ油で、10cm長さに切った春雨を素揚げしてカリッとさせる。
7　水菜を冷水に放ってしゃきっとさせたら、水けをふいて4〜5cmの長さに切り、お皿に盛りつけて6の春雨を散らす。2を回しかけて、コロッケを盛る。

note　豆味噌大さじ1とりんごジュース（ストレート）大さじ3を煮詰め、しょうが汁小さじ2を混ぜたソースを添えても。パン粉をすり鉢でするかミキサーにかけると、細かくなるので口当たりがまろやかになり、一層美味しくなる。吸収する油を減らすこともできるため、カロリーもダウン。
　　　セイタンがないときは4で醤油と塩を足しながら豆乳少々とよく練って、別の美味しさに仕上げます。

winter day 2
夜

蒸しキャベツ

２人分　　キャベツ　200ｇ　　天日塩　少々

1　キャベツは芯ごと約1cm厚さの回し切り。天日塩少々をふって、蒸気のあがったせいろで好みのやわらかさになるまで蒸す。

辛子味噌大根（常備菜）

作りやすい分量　　大根　120ｇ　　自然海塩　小さじ1

A　玄米甘酒　大さじ1
　　玄米味噌または麦味噌　大さじ1
　　和辛子粉末　少々

1　大根は1cm厚さのいちょう切りにして、自然海塩をふり、重しをして30分から1時間おく。塩を洗い流して水けをふく。
2　Aをすり鉢で練り合わせて1と和え、密閉容器に入れておく。翌日から食べられる。食べる直前に味噌衣を洗い流す。冷蔵庫なら約1週間から10日間もつが、だんだん辛くなる。その場合水に30分くらいつける（途中水を何度かかえる）とよい。

note　かために蒸した、蓮根や長芋でも美味しいです。

余った味噌の利用法
余った味噌は、味噌汁にするか、炒めパスタや焼き飯に使います。（ただし、辛子は小さな子供やお年寄りには強いので気をつけて。）

winter day 3　朝

winter day 3 昼

organic base | table of winter

玄米ご飯だって時にはお茶漬けもあり。ただ、欠点は噛めないこと。消化に時間がかかるので、食間があくときに食べるか、ご飯の量を少なめにしましょう。干し納豆からコクが出るので、だしは使わなくても十分美味しいです。ほうじ茶には浄化作用があり、極陰のコーヒーや緑茶と違って体が冷えません。ほうじ茶（番茶）は湯より陽性（体の芯が温まる感じ）に、麦茶を使うとより陰性（パーっと広がって涼しくなる感じ）になります。

干し納豆茶漬け ..● いきぬきメニュー

2人分　　玄米きびご飯(昨日の余り)…100g　　(好みで)醤油……小さじ1　　ほうじ茶(または湯)…適量
　　　　　干し納豆…………小さじ2　　小松菜……………2枚　　海苔………………適量

1. 厚手の茶碗にきびご飯をほぐし入れ、さらに干し納豆を中央に入れ、好みで醤油をたらし、小松菜の葉を生のままちぎって入れる。
2. 熱々のほうじ茶か湯を注いで、全体を箸などでほぐし、ふたをして約2分蒸らす。
3. 海苔をさっとあぶり、ちぎってのせる。

Winter Day 3
昼

お昼は残り物でもかまいません。我が家の実生活なら、昨晩のコロッケの残りを登場させるところです。が、今日は、買い置きできる乾物や漬け物を使って、忙しい朝にさっと作れる冬向きのお弁当をご紹介しましょう。昼食にはさっと炒めたり、強火で短時間茹でる陰性の調理法が合っています。少量でも満足しやすいよう食感はいろいろ。ぜひ、砂糖を使っていない本来のべったら漬けの美味しさを味わってください。

べったら海苔巻き

2本分　　玄米きび酢飯（昨日の余り）…… 約400g　　べったら漬け …… 35g　　自然海塩 …… 少々
　　　　春菊 …………… 4本　　海苔 …………… 2枚

① 春菊は、自然海塩を入れた熱湯でかために茹でて（約30秒）冷水にとる。水けをしっかりしぼる。べったら漬けは、約7mm×1cmの拍子木切りにし、水洗いして塩を抜いたら水けをきる。

② 海苔のつやつやした面をさっとあぶり、そちらを下にして巻きすの上に置く。酢飯半量を、梅酢少々（分量外）を入れた手水をつけながら広げる。①の春菊を茎と葉を逆にして2本並べ、べったら漬け半量を手前に置いて巻く。巻き終わりは梅酢か水（分量外）でとめる（巻き方詳細はP219参照）。なじんでから食べやすい大きさに切る。もう1本同じように作る。

note …… 冷たい玄米きびご飯から酢飯を作る場合は、せいろで蒸し直して、梅酢大さじ1をふると美味しくできます。

板麩と春雨炒め

2人分　　板麩 …… ½枚（25×7cm）　　ごま油 …… 大さじ1　　A ┌ 麦味噌 …… 大さじ1〜2　　天日塩 …… 少々
　　　　　緑豆春雨 …… 15g　　　　　　豆もやし …… 40〜60g　　 └ 粒マスタード …… 小さじ1

1. 板麩は水で戻して約1cm幅の短冊切りにする。春雨は少量の湯で1〜2分茹でる。
2. 温めた鍋にごま油をひいて、豆もやしを入れ天日塩をふり、1の春雨と板麩を重ねる。ふたをして弱火で約1分蒸し焼きにする。
3. 2の全体をざっと混ぜたら、Aを入れて水けがなくなるまで炒める。

note …… 春雨は馬鈴薯でん粉製ではなく、緑豆春雨を使ってください。

黒練りごまの温サラダ

2人分　　ブロッコリー …… 約½個　　　A ┌ 黒練りごま …… 大さじ2　　しょうがのすりおろし …… 小さじ1
　　　　　にんじん …… 約⅓本　　　　　　├ 醤油 …… 小さじ1
　　　　　　　　　　　　　　　　　　　　└ 水 …… 40cc

1. 鍋に湯を沸かす。その間ににんじんは1cm厚さの拍子木切りに、ブロッコリーは小房に分ける。鍋に自然海塩少々（分量外）を入れたら、にんじん、ブロッコリーの順に茹でる。
2. Aを小鍋に入れて弱火にかけ、練り合わせ、しょうがのすりおろしを最後に加え、ひと混ぜして火からおろす。1の野菜に添える。

winter day 3
夜

今日は、少ない品数で陰陽バランスをとる例です。陰性な麺を、陽性な具とやはり陽性な豆味噌と昆布だしで食べます。反対にサイドディッシュは、陽性な海藻を陰性な調理方法のサラダ仕立てに。調味料の加え方も、いっしょに煮込むほうとうと後で上からかけるサラダ、調理時間も10分以上かかるほうとうと10分以下のサラダというように反対の要素を組み合わせます。食材も穀物、野菜、豆製品、海藻、発酵食品とバランスよく入れています。

ほうとううどん

2人分

A
- 昆布 …… 3×10cm
- 干し椎茸 …… 1枚
- 水 …… 1200cc

- かぼちゃ …… 85g
- にんじん …… 40g
- 蓮根 …… 60g
- 麦味噌 …… 大さじ2強 (30g)
- 豆味噌 …… 大さじ2弱 (20〜25g)

- ほうとう …… 210g
- がんもどき …… 2〜3個
- 水菜 …… 適量

● **下準備** 鍋にAを入れて、できればひと晩つけておく。

1. かぼちゃは2cm厚さの回し切りに、にんじんは小さめの乱切りに、蓮根は1cm厚さのいちょう切りにする。
2. 下準備した鍋に、1の蓮根とにんじんを入れて中火で煮る。昆布に泡がついてきたら取り出して約1分強火にして、1のかぼちゃを入れて約5分煮る。
3. すり鉢に汁少々と麦味噌、豆味噌を順に溶いて鍋に入れ、ほうとうも入れて約7分煮る。5cmの長さに切った水菜(飾り用に少し取り分けておく)と、半分に切ったがんもどきを入れて約2分煮たら火からおろす。器によそい、飾り用の水菜をちらす。

note …… 炒りごま適量をすって入れても美味しい。
for men …… ごま油、すりごま、七味を加えると喜ばれます。

海藻と長ねぎのサラダ

2人分　　長ねぎ……… 2本　　　　　　　　米酢……… 小さじ1
　　　　　海藻ミックス（乾燥）……… 5g　　A　米飴……… 小さじ2
　　　　　　　　　　　　　　　　　　　　　　醤油……… 大さじ1（またはポン酢適量）

1　長ねぎを約1cm厚さの斜め切りにして、蒸気のあがったせいろに置き約3分中火で蒸す。
2　海藻ミックスは水で戻しておく。
3　小鍋にAを入れて弱火で煮合わせる。
4　1の長ねぎの上に2の海藻ミックスをのせて、3（またはポン酢でもよい）をかける。

note……… 翌朝のお粥の下準備を今晩中にしてしまうといいでしょう。
　　　　　1で蒸さずにごま油で焼いて同様に作っても美味しいです。

精白麺と全粒麺
マクロビオティックでは、一物全体の法則を生かして麺も全粒が基本です。全粒うどんや全粒そう麺は、入手しにくいところが難点ですが、とても美味しく大変おすすめです。独特の食感で、繊維や栄養も豊富で、脂肪になりにくく、体に蓄積しにくいです。精白麺は陰が強く、血糖値が不安定になりやすい、お腹がゆるむなどの短所があり、常食向きではありません。しかし、この陰性さは時折取り入れると、消化しやすく、軽い食感、早く煮えるなどの長所でもあります。特に子供には陰が大人より必要なので、おやつにも活用するといいでしょう。本書ではあえてその陰性さを生かしたいときに使っています。その際、陽性を含む根菜や良質の調味料と合わせることで、不足する繊維やミネラルが補給されますし、陰陽のバランスも整いやすくなります。

winter day 4 朝

winter day 4 昼

winter day 4
朝

冬にお粥を作るなら、圧力鍋を使うと短時間で甘いお粥ができ上がります。同じお粥でも、圧の分やや陽性に炊き上がるので、冬にぴったりです。春菊の味噌和えはご飯のお供としても美味しいですし、ごま油で炒めたらこくが出て蒸しパンにも合います。関東の冬の旬の青菜は小松菜ですが、地元のお好みの青菜で作ってください。冬至まではゆずの香りが本当に美味しいです。美味しさは香りでもあることを実感します。

お粥と春菊味噌和え

2人分　　玄米 …… ¼カップ　　天日塩 …… 少々　　A[白煎りごま …… 小さじ1
　　　　　水 …… 500cc　　　春菊 …… 2本　　　　　麦味噌 …… 小さじ2
　　　　　　　　　　　　　　　　　　　　　　　　　水 …… 小さじ2

- **下準備**　玄米を水にひと晩つけておく。
1. **お粥を作る。** つけておいた玄米は、水とともに圧力鍋に入れて天日塩をふり、ふたをして中火にかけ、圧がかかってきたら弱火にして25分炊く。鍋を火からおろして約5分蒸らし、甘みを引き出す。
2. **味噌和えを作る。** Aをすり鉢でする。春菊はさっと茹でてみじん切りにし、弱火でから煎りする。Aを加え、木べらで返しながら、よくからむまで煎りつける。冷蔵庫で約3日間保存できる。味噌和えを作る時間がなければ、たくあん1切れやごま塩少々でもOK。

小松菜の塩茹でwithゆず甘酒ソース

2人分　　小松菜 …… 2株　　　A[玄米甘酒 …… 大さじ2
　　　　　自然海塩 …… 少々　　　 ゆず果汁 …… 小さじ1

1. たっぷりの湯に、自然海塩を入れて小松菜をさっと茹で、盆ざるにあげて粗熱をとり、水けをしぼる。Aを混ぜたものをかける。

winter day 4
昼

ちょっと目先を変えて、こんなお昼はいかがでしょう。切り干し大根と大根の甘みは、おやつにもなるほどの甘さ。ポイントはしっかり蒸すこと。消化もよくなります。切り干しは、ぜひ天日干しのものを試してください。最近はデパートの食品売り場や大手スーパーにも売っています。甘みや歯ごたえが全然違います。甘みや糖質は人間の脳や体にとても重要なもの。害の多い精製糖ではなく、こんなふうに穀物や野菜の糖質を美味しく取り入れましょう。

大根もち ..● いきぬきメニュー

2人分
- 大根（上のほう） ………… 5cm（約150g）
- （好みで）万能ねぎ ………… 1本
- 自然海塩 ………… 小さじ1
- 切り干し大根 ………… 15g
- A
  - 上新粉 ………… 80g
  - 全粒薄力粉 ………… 20g
- 天日塩 ………… ひとつまみ
- ごま油 ………… 適量
- 玄米酢、醤油 ………… 適量

1. 大根は、3mm厚さの短冊切りにして自然海塩をふって約30分おく。切り干し大根はさっと洗って戻す。
2. 1の大根がしんなりしてきたら、さっと洗ってかるく水けをきる。切り干し大根の水けもかるくきり、約3cmの長さに刻む。万能ねぎは小口切りにする。
3. ボウルに2とAを入れて混ぜ合わせ、天日塩をふり入れる。水分が十分に大根からでていなければ水少々を足してもよいが、少し粉っぽいくらいで大丈夫。
4. 3を、ごま油少々を塗った15×18cmくらいの流し缶などに入れ、かるくおさえて蒸気のあがったせいろに置き、約25分強火で蒸す。
5. 温めたフライパンにごま油少々をひいて、4等分した4を入れて中火で両面にこんがり焼き色をつける。玄米酢1：醤油3の割合で混ぜた酢醤油を添える。

winter day 4
夜

小豆は冬にぴったりのとても陽性な植物。特に北海道や東北の寒風で育った小粒のものほど陽性です。体内に溜まった過剰な陰性（水分、乳製品、白砂糖、果物など）を排出し、体のむくみと気持ちのたるみを解消してくれる食材なんです。今日も、上昇する葉物、丸い物、下降する根菜をバランスよく取り入れています。シンプルに味をつけているので、素材のよさと塩のふり方（P220）が肝。ぜひ、いい食材を使ってくださいね。

小豆ご飯

2人分（＋翌日分）　　玄米……2合　　水……650cc　　小豆……大さじ3　　昆布（3×3cm）……1枚

◆ **下準備**　玄米は5時間以上水につけておく（水分量、炊き方詳細はP216）。

1. 下準備したものを圧力鍋に移し、小豆と昆布を加えて弱火で炊く時間を＋5分で炊く。あればごま塩をふる。

冬キャベツの白味噌汁

2人分　　キャベツ……1〜2枚　　白味噌……大さじ4〜5　　バルサミコ酢またはマスタード……少々
A ［昆布……1枚（3×6cm）　　万能ねぎ……1本
　　水……600cc　　醤油……大さじ1 ］

1. キャベツは食べやすい大きさにざく切りにする。鍋にAを入れて弱火で煮出し、昆布は取り出して刻んで戻し、キャベツを入れて弱火で約15分煮る（ふたはしない）。その間に、鍋から汁少々をすり鉢に取り分けて白味噌をよく溶く。
2. 溶いた白味噌、醤油、バルサミコ酢で調味し、とろ火で5分煮る。器によそい、万能ねぎの小口切りをのせる。

野菜とこんにゃくのグリル

2人分	生いもこんにゃく 200g	テンペ 50g	かぼちゃ 110g
	自然海塩 小さじ1	ブロッコリー 120g	ごま油 大さじ1〜2
	玉ねぎ 小1個（110g）	蓮根 90g	天日塩 小さじ½

1. こんにゃくは3×2cmに切り、自然海塩をふってしっかり塩もみする。約10分おいたら、ひと口大に切って熱湯で1〜2分茹で、浮いてきたらざるにあげる。
2. 玉ねぎは1.5〜2cm厚さの回し切りに、テンペは2cm角に、ブロッコリーは小房に分けて大きいものはひと口大に切り、茎は皮をむいて1cm厚さに切る。蓮根は1cm、かぼちゃは1.5cm厚さのいちょう切りにする。野菜に天日塩をふる。
3. 温めた鍋にごま油少々をひいて、玉ねぎを全体に油がまわる程度にざっと炒めて端に寄せ、あいたところでテンペ、こんにゃく、その他の野菜もざっと炒める。
4. ごま油少々を塗った耐熱皿に材料をすべて入れてホイルをかぶせ、魚焼きグリルで約20分ホクホクするまで焼く。

きんかんと水菜のプレス

2人分	きんかん 5個	水菜 1株	自然海塩 適量

1. きんかんは、洗って4つに割り種を取り出す。水菜は付け根をほぐし、約4cm長さに切る。
2. それぞれに自然海塩少々をふり、合わせて重しをして約30分置く。
3. 2をさっと洗って余計な塩けを流し、水けをしぼる。

● 年配者のマクロビオティック

　私たちは人生でも陰陽を繰り返します。生まれたばかりの赤ちゃんはとても陽性な時代。そこから、ぐんぐん大きく伸びて、20代でほぼ体の成長は終わります。思春期から、肉体の成長が止まる前後までが、最も陰性な時代と呼べるでしょう。ある程度の年齢が過ぎると、肉体は再び小さく縮まり始め、陽性化します。60歳で「還暦」を迎え、「暦」を「還」しもう一度赤いちゃんちゃんこを着て、0歳に戻るのです。人間は食と環境が整っていれば、ここからさらに60年は元気に生きることができる、つまり120歳は生きるそうです。ですから60歳は、第二の人生のスタートであり、80歳は第二の青春時代。主に食事が整っていたら、肉体も、知能も衰えることはなく、最後には自らの死期を悟り、その準備をして、魂の世界に旅立つそうです。自分や家族のために生きた最初の60年とは異なり、もっと広く社会全体、国全体、世界全体のために生きる60年になるのだとか。初めの60年は主に活動によって自らを高め、次の60年は、精神と経験によって後進を導きます。

　そんな第二の「赤ちゃん」の時代は、赤ちゃんと同じようにやはり陰性さが必要。といっても、成長させ、大きくなっていくのは、肉体というより、霊性、目に見えない精神。何を食べるか以上に小食であることが重要になります。動物性のものは消化よく煮た白身魚等がおすすめ。素材は標準食（P210）と同じですが、やわらかさ、歯にひっかからないなど、食べやすさが大切です。玄米をお粥などにしてもつらいときは、分づき米でもいいでしょう。引き締まりやすい体をリラックスさせるため、油を使ったメニューも必要です。塩分は子供より必要ですが、バランスを大切に。タンパク質も増やします。なお、高齢者は味覚も低下し、味の濃いものがお好きです。青年や中年時代よりうんと陽性な高齢期は、強い陰陽両方に惹かれるものです。無理強いしないで、まずは素材を良い質にし、手作りを増やすだけで、うんと効果があります。

　介護の場面でも、マクロビオティックに近づくと、便が匂わない、肌が丈夫になる、たんや鼻詰まり、徘徊がなくなるなど負担を軽減する要素がたくさん出てきます。ただ、人は高齢になると、概して食や生活習慣に対して保守的（陽性）になっていくもの。若いとき以上に変化がこたえるのです。家族は大変なこともあるかもしれませんが、できるだけご本人が喜ぶメニューを模索したり、好きなものも大切にしてあげたいですね。毎日一杯のよい味噌汁、本葛、無添加の漬け物はおすすめです。

winter day 5 朝

winter day 5 昼

organic base | table of winter

winter day 5 朝

どんなものとも相性のよい味噌スープは、パンとも相性抜群です。パンの短所にもなる、乾燥させる力や胃腸の負担になりやすいという性質も緩和し、消化を助けてくれます。パンを食べたいときには、麦味噌スープとの組み合わせがおすすめです。パンはもともと発酵食品ですが、最近は、時間をかけず膨張剤で無理に膨らませたものがほとんど。本当の天然酵母パンを選びましょう。また乳化剤、油脂類、増粘多糖類が入っているものも避けて。

パン味噌スープ ..● いきぬきメニュー

2人分　　水 …… 400cc　　　　　A ┌ 葛 …… 小さじ1強　　天然酵母パン（乳製品、油脂、添加物のないもの）… 好みの分量
　　　　 豆もやし …… 30g　　　　　 └ 水 …… 大さじ1
　　　　 麦味噌 …… 大さじ2　　　　 青菜（ほうれん草以外）… 1/2株

1. 鍋に水を入れて沸騰させたら、豆もやしを入れて中火で2分間煮出す。鍋から汁少々をすり鉢に取り分けて麦味噌を溶く。
2. 弱火にして、溶いておいた味噌を回し入れる。続けて、よく溶いたAを回し入れてとろ火で約4分煮る。2cmの長さに切った青菜と大きめに切ったパンを加えて1〜2分煮る。

winter day 5 昼

長芋を炒めて煮ると、トロッとして少しクリーミーなコクが出ます。それを生かしたリゾット風のレシピです。にんにくは陰が強く、普段は使いません。特に、治病中、授乳中、子供は気をつけて。でも、久しぶりだからこそ、その香りを一層強く感じられます。美味しさのポイントは、にんにくを包丁の腹でつぶすこと。少量でぐんと香りがたちます。プレーンな玄米ご飯でも美味しく作れます。

長芋のリゾット風 ..● いきぬきメニュー

2人分
- 長芋 ……… 140g
- オリーブオイル 大さじ1
- にんにく ……… 1片
- 小豆ご飯（昨日の余り）……… 400g
- 万能ねぎ ……… 少々
- 薄口醤油（醤油でも可）……… 大さじ2強
- 無調整豆乳 ……… 100cc
- 天日塩 ……… 少々

1. 長芋はひげを焼いて皮ごとさいの目切りにする。
2. フライパンにオリーブオイルと、包丁の腹でつぶしたにんにくを入れて、弱火で香りがたつまでじっくり熱する。香りがたったら①も入れて、中火で約2分炒めたら天日塩をふる。小豆ご飯をほぐし入れて約1分炒める。
3. ②に豆乳を注いで、ふたをして、約10分弱火で煮る。薄口醤油を入れてとろ火で約1分煮る。味見して好みで天日塩を足す。
4. ③を器によそい、万能ねぎを飾る。

for mild rich …… オリーブオイルはごく少量の良質なごま油に。にんにくは抜いてかわりに洗いごまなどを風味づけに活用します。または、にんにくを②で香りがついたら取り出す。

winter day 5 夜

冬におすすめの麺が蕎麦。とても陽性で寒さに強い体にし、余計な陰性を排出します。ただし、陽性な分、成人男性向けの素材で小さな子供には強すぎます。女性は体質や寒さに合わせてください。陽性な蕎麦には陰性の油たっぷりの天ぷらが好相性。蕎麦のタンパク質や揚げ物の消化吸収をよくするために、大根おろしは必ず添えて。蕎麦だけだと男性的なので、女性は、あらめとブロッコリー、かき揚げでも丸い野菜を多めにとることを意識して。

天ぷら蕎麦

2人分

A
- 昆布 …… 1枚（6×10cm）
- 干し椎茸 …… 1枚（砕く）
- 水 …… 1ℓ

大根 …… 8cm

- 米飴 …… 大さじ1～2
- 醤油 …… 大さじ4
- 薄口醤油 …… 大さじ1
- 余り野菜（玉ねぎ、ユリ根、水菜、にんじんなど水けの少ないもの） …… 1カップ分

- 水 …… 適量
- 地粉 …… 適量
- 揚げ油 …… 適量
- 天日塩 …… 適量
- 蕎麦 …… 200g程度

● **下準備** Aを合わせてひと晩つけておく。

1. **蕎麦の汁を作る。** 大根5cmはせん切りにし、Aと弱めの中火にかける。昆布に泡がつき始めたら（約10分）取り出し、1分間強火にし、再び中火にする。
2. 米飴、醤油、薄口醤油を入れてとろ火で3分煮、味をみて、天日塩などで調える。
3. **余り野菜のかき揚げを作る。** ユリ根は1片ずつむく。玉ねぎは約2mmの薄切りに、にんじんは斜め薄切りにしてからせん切りに、水菜は3cmの長さに切る。それぞれに天日塩少々をふり、出てきた水けを布巾などでトントンと押さえるようにしてふき取る。
4. ③に地粉をまんべんなくまぶす。余計な地粉を（あればハケで）ふり落とし、ゆるめの水溶き地粉に入れる。
5. 約170度の揚げ油に、2等分した④を木べらなどにのせてそっとずらすようにして落として揚げる（揚げ方詳細はP202参照）。
6. 大根3cmは皮ごとおろす。下の方程、繊維に直角にするほど辛いので、好みの辛さで。
7. 茹でた蕎麦の上に、熱々の汁を注ぎ、かき揚げをのせ、大根おろしを添える。かつおぶしを散らしても美味しい。

ブロッコリーのあらめ和え

2人分　　ブロッコリー …… ½個　　あらめ ………… 2g
　　　　自然海塩 ………… 少々　　マスタード …… 小さじ1

1. 鍋にたっぷりの湯を沸かし、自然海塩と小房に分けたブロッコリーを入れて約3分茹で、盆ざるにあげて粗熱をとっておく。同じ湯で、あらめをさっと（約30秒）茹で、盆ざるにあげ粗熱をとる。
2. あらめとマスタードを和えて、ブロッコリーにからめる。

note …… あらめが入手しづらい場合はわかめか芽ひじきを使います。
　　　　　　マスタードがなければ、醤油＋米飴＋バルサミコ酢などで。

かき揚げの上手な揚げ方
かき揚げは揚げ油を入れた鍋に入れ、菜箸で側面を叩いて、コンコンとかたさを感じるようになったら返し、泡があまり出なくなるまで揚げる。最後にもう一度返す。鍋の縁に沿わせて、油きりしながら引き上げる。経木などを敷いたバットなどの上に置いて、よく油を吸いとる。

「あらめ」について
あらめは、特に生殖機能を浄化し、安定化させる作用があります。外用としても「あらめの腰湯」があるほどです。ゆがいてあるので、水で戻したらすぐに食べられるのも便利な点。自然食品店や大手デパートで手に入ります。

● 子供のマクロビオティック

基本は同じ標準食を子供たち一人一人に合わせて調整しましょう。一番役立つのは毎日の味噌汁！　です。

1. 子供は大人より薄味にします。塩けはとても大切なものですが、陽性なため過剰だと引き締まりすぎて成長が阻害されます。麦味噌や白味噌は、塩けだけでなく陰性さも含んでいます。とうもろこしや豆腐、分づき米、精白麺、油揚げなど陰性な食材は、大人より多く必要です。蕎麦は陽性さが強いので3歳くらいから。
2. みりん、辛子、マスタード、しょうがなど刺激物は基本的に避けます。大人には少々必要な酸味／苦味／辛み／鹹味（しょっぱさ）も無理強いする必要はありません。
3. 糖質（炭水化物）、タンパク質と脂質、水分が大人より多く必要です。全体の量も食事回数も成長期には増やします。
4. 子供の舌は大人と異なり、些細な変化、味、時間の長短に敏感に反応します。お子さんの欲求、必要をよく理解してあげてください。大人がマクロビオティックを実践して感覚が変わってくると、子供の必要な食がよりわかりやすくなります。
5. 噛むときに胸腺付近の筋肉も使うため呼吸器が強くなり、肺炎やぜんそくにも強く、免疫力も高くなります。赤ちゃんの頃の吸う振動から徐々に噛む振動に変わっていくことが重要です。離乳食にやわらかさが大切なのはそのためですが、成長期、発育期も大人よりやわらかい食感のものを定期的に多くしてください。
6. 動物性食品は、1歳半〜2歳までは一部例外を除いてあまり必要ありません。現代は、動物性をとりすぎなので、その排出に力点を置いたほうがよいことがほとんどです。体の基本ができてから、少しずつ必要を見て与えましょう。2〜3歳以降は、白身魚などが必要になってきます。寝苦しそうなとき、歯ぎしりするときは控えたりと、その子に合わせて、成長期には増やします。

マクロビオティックの子供は、まず脳神経が成長して、肉体は中高生で一気に大きくなります。マクロビオティック食に近い、昔の子供はそうでした。現代は牛乳や動物性タンパクの摂取で体や性機能が早く成長します。ほかの子と比べて焦ったりせず自信をもって見守ってください。

winter sweets 1

winter sweets 2

organic base | table of winter

チョコレート、乳製品、白砂糖などの極陰スイーツは、甘い誘惑とうらはらに体を冷やし、目の下やほほをたるませ、毛穴も開かせ、情緒も不安定に……と、なかなか"甘くない"食べものです。日常"ケの日"にはマイルドでこんなに可愛いスイーツたちはいかがですか。冬はスイーツも火を使ってちょっと陽性にします。パンケーキのりんごは、ふじで作るとコクが出て、紅玉だとさわやかな味わいになります。あん玉は、あく（＝陰性）を抜かない手作りあんこのまろやかなおいしさをぜひ楽しんでください。甘すぎないので、あんこが苦手な人にも好評です。

winter sweets 1

りんごのパンケーキ

2枚分

- りんご ……… 1個
- 天日塩 ……… 少々
- 水 ……… 大さじ1〜2

A
- 地粉 ……… 140g
- 全粒薄力粉 ……… 40g
- きび糖 ……… 大さじ3〜4

- 菜種サラダ油 ……… 約大さじ2

B
- 豆乳 ……… 150〜200cc
- 菜種サラダ油 ……… 小さじ2

1. りんごは1.5cm厚さのいちょう切りにして天日塩をふる。温めたフライパンにりんごと水を入れて沸騰したら、ふたをして弱火で約4分蒸し煮し、取り出しておく。しっかり火が通らなくてもよい。
2. Aを混ぜ合わせる。Bを加えてよく混ぜ合わせる。練らないこと。
3. 温めたフライパンに菜種サラダ油を大さじ1ひき、1の半量のりんごを入れて2の生地を半量のせ、ふたをして弱火で約5分、表面にぶつぶつと穴があくまで焼く。ひっくり返して、1〜2分ふたをしないで焼く。同様にもう1枚焼く。

for strong rich シナモンパウダーや、キャロブチップスを散らして焼く。

note 1で、りんごに完全に火が通ってしまったら、3のときに、生地をフライパンに流しこんでからりんごをのせて、ふたをして焼くと、りんごを焦がさずにうまく焼けます。

winter sweets 2

あん玉

12個分

A
- 小豆 ······ 1カップ
- 昆布 ······ 1枚（3×3cm）
- 水 ······ 昼600cc、夜500cc
- レーズン ······ 大さじ2

- 天日塩 ······ 少々
- 米飴 ······ 120g
- きな粉 ······ 適量
- 黒煎りごま ······ 適量

- キャロブチップス ······ 40g
- 豆乳 ······ 大さじ2
- 粉寒天 ······ ひとつまみ

1. Aを合わせて約1時間おいたら、天日塩をふって圧力鍋に入れ、夜なら約25分、昼なら約35分煮る。
2. ふたを開け、もう一度中火にかけて水分をとばす。
3. 2に米飴を加えて、弱めの中火にかけながら、木べらなどでつぶしながら練りあげる。底に木べらで線が引けるくらいに煮詰まったらバットなどに移してしばらく冷ます。
4. 粗熱がとれたらボール状に丸め、あん玉を12個作る。きな粉や黒煎りごまは小さめの器に入れ、あん玉の表面が乾かないうちに1個ずつ入れて器をゆするようにしてまぶす。各4個作る。あんこの表面が乾くとまぶしにくくなるので、その場合は丸めなおす。
5. キャロブチップスは豆乳、粉寒天と弱火にかけて煮溶かし、あん玉4個にかけて冷やしかためる。

for mild rich ······ キャロブチップスは使わないで、粉末の穀物コーヒーをまぶします。

● 冬の献立のたてかた

　冬は生き物や植物の多くがエネルギーを内に込めて冬眠します。同じように、人のエネルギーも外に向かうより、内側にエネルギーを蓄えようとします。ダイエットが難しい時期なのも、そのため。でも一方で、来る春に備えて、体の奥でふつふつと新しい力や細胞を生みだしています。したがって、表面的には排出が起こりにくいのですが、この時期にあまり暴飲暴食をすると、エネルギーが表に出てくる春につらくなります。できるだけマクロビオティックを実践してみましょう。

　ただ、世間の冬はなかなかそれを許してはくれないかもしれません。年末年始はイベントも多く、おつきあいや外食がどうしても増えます。また、外は寒いのに、オフィスは異常に暖かかったり乾燥していたりと、生活環境は不自然になりがち。そのために食の欲求が振り回されることが少なくありません。極陰と極陽は引き合い方も激しく極端になります。一度焼き肉を食べたらアイスクリームがとまらない、久しぶりにケーキを食べたらものすごい量を食べてしまったなど、極陽極陰のジェットコースターにはまりやすい時期かもしれません。特にマクロビオティックを始めたばかりの頃は、そうなりやすい傾向があります。あっという間に元の食生活に戻ってしまい、がっかりすることもあるかもしれませんが、また落ち着いたら、玄米と味噌汁から立て直しましょう。

　寒い冬には、コトコトじっくり、優しく長く火にかけた料理の割合を増やして、体の内側に火の力を取り込みます。良質の植物油は、加熱して適度に取り入れると、体熱をキープし、寒くても活発に動ける体にしてくれます（ただし、とりすぎると肌が荒れたりしますから、注意してください）。また、特に冬に水分をとりすぎると体が冷えますから、飲み物を含めて水けを減らします。小豆やそば、長芋や根菜、乾物（麩など）など陽性な食材たちが水けをはじき、体を引き締め寒さに強い体にしてくれます。一方で、ただ引き締めるのではなく白菜の甘みや春菊など冬に必要な陰性さもとることで、陰陽のバランスが整います。冬野菜、特に寒さの厳しい頃にとれる大根や白菜、キャベツの甘さは、肉体だけでなく、疲れた神経系統も癒してくれます。味噌汁や黒豆は授乳中にもとてもいいですよ。冬は腎臓や膀胱といった、普段から排出を担当している臓器と生殖器を特に強化できるシーズンです。口の周りが荒れやすかったり、眼の周りが荒れやすい人には特に大切なシーズンです。

この本のもとになっているマクロビオティックの基本をご紹介します。
それは、美味しく作るためのコツでもあります。どんな応用もバリエーションも基本の組み合わせがあってこそ。
逆に言うと、基本をきちんとマスターすると、応用の幅が広がり自分に合わせた取り入れ方が上手になります。
理論のこと、作り方のコツ、素材のことなど、これだけは、というbasic informationを集めました。

basics

● マクロビオティック標準食について

　適度な陰と陽の食材をもとに、人間に必要なエネルギーや栄養素のバランスを考えて創出されたのが、標準食シート（P212）です（日本を含む温帯地域用です）。このバランスを意識すると、単なる菜食と違い、過不足なくよい効果が得やすくなり、ひじきばかり、豆ばかり、といった偏食に陥って逆効果を生むのを防げる、とても実際的な表です。考案者は久司道夫先生です。ただ、標準食はあくまで基準ですから、個人の体質やライフスタイルによって、若干の調整は当然必要です。また、コツはまず質をよくすること。そして、ハレの日・ケの日を使い分けることかなと思います。食べものはすべて命です。楽しく少しずつ調えましょう。

玄米など全粒穀物とその加工品（食事全体の50％目安）……人間の主食。未精白穀物の糖質は内臓器官、脳、方向性、創造性、感受性、生殖能力などによい影響があるが、消化がよいことが大切（P216参照）。精白麺、白米、オートミール、精白麦などは、陰が強いので目的に応じて、塩分や陽性さを加えて。主食なのでいずれにしても「おいしく！」が大切。

スープ（1日に1～2杯）……毎日の味噌汁は大変重要な元気の素。植物性を基本に、長期熟成の調味料で味付ける。旬の食材をたっぷり入れて、冬や必要なときには適宜かつおだし等も。

温帯原種野菜（食事全体の30％程度）……血液や心身を浄化し滞りをなくす。ビタミン、繊維が豊富で、穏やかさや敏感さを助ける。女性や、移行期、動物性食品の中和をしたいときはやや多め。上昇する野菜（陰：小松菜、かぶの葉など）と丸い野菜（陰～陽：かぼちゃ、キャベツ、かぶ、ブロッコリーなど）と下降する野菜（陽：にんじん、ごぼうなど）とを織り交ぜながら、さまざまな調理法で楽しむ。生食は動物性摂取の多い人、ヨガやスポーツの多い人、都会に住む人の一部は増やすが、プレスサラダ、漬け物がおすすめ。

豆類や植物性タンパク群（食事全体の5～15％）……細胞の生成、熱量のもとになる。力強さを与える。豆は、小豆、黒豆、レンズ豆、納豆、豆腐、テンペ、ヒヨコ豆など脂肪の少ないものを基本とし、白いんげん豆など脂肪が多い豆はオプション。油揚げ、厚揚げ、高野豆腐、他様々な麩にも活用する。

海藻（食事全体の5〜10％）……血液を濃くし、免疫力を高める。柔軟性と忍耐力を与える。わかめや昆布を味噌汁などで毎日とる。加えて週に何度かひじきやあらめの煮物、海苔、とろろ昆布などいろいろなエネルギーをとる。

伝統調味料……例えば杉樽仕込み、2〜3年熟成の味噌や醤油などは無数のバクテリアを含み、腸内環境を整え、血液を浄化する。肌や体質が強くなる。細胞の変化を早め、また季節への適応力を高める。調味料はそれぞれ独特の陰陽と働き、影響力を持つ。よい油は適度に用いると、活性力を高めるが、皮膚のトラブルがあるときや、深刻な治病中はかなり減らす。

番茶ほか穏やかな飲み物……脂肪や老廃物を洗い流す作用などがある。カフェインの入った飲み物と違い、興奮作用がなく、むくみや頭痛、冷え、下痢などを招かない。ジュースやアルコールと異なり、糖分がないため、常飲に適する。

伝統製法の漬け物……消化を助け、腸内環境を整える大切な発酵食。免疫力も高め、脳や肌にもよい。できれば手作りを常備したい。

ゆかりなど伝統製法のふりかけ類……さまざまなミネラル等微量栄養素を多く持ち、消化を助ける大切な脇役。様々に常備したい。

オプションとして（食事全体の10％以下）
A **果物**……温帯原産種（りんご、なしなど平仮名で書いて不自然でないものが多い）にする。いちじくは極陰なため避ける（P215参照）。ドライフルーツはノンオイル、ノンシュガーのものを。難しいが、低農薬のひきしまったものが好ましい。

B **ごま、かぼちゃの種、ナッツ類**……食感などのアクセントになる他、微量栄養素が多い。特にごま、えごま、かぼちゃの種はおすすめ。脂肪が多いナッツ類はとりすぎに注意。特に生では腸がゆるんで精神面や食欲を不安定にしたり、便秘・肌荒れにも。いずれも生食は避ける。

C 魚介類……植物性食品にない、強さを与えるが、飼育時のストレス、エサの品質、また調理の仕方次第で体の負担になることも。治病中には、蒸したり煮た白身魚が最もマイルド。しかし、現代人は動物性食品が過剰なため減らすことが大切。動物性食品を日常とらない家庭では、男性や成長期の子供、高齢者を中心に必要なことがある。特に、良質の調味料や食材が手に入らない場合、必要になることが多い。女性はライフスタイルと先祖の摂取量、加齢による。その他、かつお節やじゃこなども用いることができる。魚以外では卵が助けになるが、現代の日本人は過剰なことが多いのと、魚と同様飼育環境にもより、一概には言えない。一般的には一時断つことで多くの良い変化が得られる。動物性食品は大根おろし、青菜、もやし、レモン、ねぎ、豆製品、発酵食品など、分解するものとの食べ合わせがおすすめ。

D マクロビオティックスイーツ……植物性素材でさまざまなスイーツができる。穏やかなものから、ストロングなものまでいろいろとあるので、体調によって、調整すること。ただし、多すぎるといくらマクロビオティックのスイーツでも健康を損なうので注意。

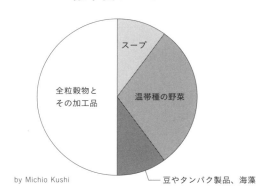

標準食シート

by Michio Kushi

必ず食べてほしいメイングループ

日常的に必要
- 自然な質の食材
- 伝統製法の調味料
- 刺激の少ない飲料(番茶等)
- ごま塩などコンディメントや漬け物、発酵食品

週に何度か
- りんご、なしなど温帯種の果物
- 白身魚など
- ナッツ、種子類
- デザート
  (白砂糖・乳ゼラチン等不使用)

● 朝・昼・夜のご飯の基本

　朝晩の体の変化に合わせて食べて、効果を高めましょう。三食玄米が重いときは一食は白米や分つき米もいいですね。

朝
　起きてから数時間は排出の時間です。エネルギーが上昇しやすい軽い糖質（炭水化物）がおすすめ。食べる前に体を動かすことも大切。遅くとも8時には起きたほうが、ホルモンバランスがよくなります。反対に、6時前から活動する人は、朝ある程度食べて夜を抜いたほうがいいこともありますが、7時以降に起きるような人は、朝は抜いたほうがいいことが多いです（ただし子供や低血糖症の人は別）。以下が朝の基本形です。
1　水分多めでやわらかい全粒穀物（またはその加工品）
2　味噌汁や納豆、漬け物など発酵食品と塩分
3　蒸し青菜（またはそれに準ずる陰性な要素）

昼
　お昼は午後のためのエネルギー補給です。手軽なメニューでよく、前日の残りものでもかまいません。穀物、またはその加工品（炭水化物）をしっかりとって、午後からの血糖値低下に備えます。やや陰性さがあったほうがいいです。
1　穀物かその加工品をしっかり
2　炒めもの、温サラダ、スープ等好みの副食

夜
　夜は新たな細胞をつくるための食べ物です。陰陽のバランスをしっかりとり、またある程度陽性さが必要です。体質にもよりますが、ボリュームとバラエティに富んだ食卓がよいでしょう。ただしとる時間が大切で、理想は18時前後なのです。現代人には高いハードルですので、せめて20時前にすませる、寝る2〜3時間前には食べないことをおすすめします。あまりに遅いときは、控えるか少量にすると、翌朝の効率と顔が全く違うのがすぐに実感できるでしょう。下記は理想ですが、忙しいときは1＋一汁一菜＋5でよいと思います。
1　全粒穀物（またはその加工品）
2　スープ（発酵調味料入りがベスト）
3　おかず陰メニュー1〜2種　｝3か4に、タンパク質を含む製品を入れること。
4　おかず陽メニュー1〜2種
5　香の物（漬け物）、ふりかけなど消化を助けるもの

● 陰陽について

　万物は陰陽によって生み出され、存在しています。すべての存在は陰陽両方の力を含んでいて、しかし、完全に中庸なものは何一つありません。必ず陰か陽かが勝っていてその程度に違いがあります。それによって、陰性、陽性を区別しています。陰陽は頭だけでわかろうとすると、混乱します。食を変えて、体が変わると、食品のバイブレーション、陰陽が感覚でもわかるようになります。体温36.6度が中庸の目安におすすめ。

陰……地球の遠心力による：香りが強い、空洞の、火が通りやすい、薄いなど。ゆるめる、体を冷やす他。

陽……地球外からの求心力による：引き締まった、硬い、火が通りにくいなど。締める、温める他。

　陰と陽は、磁石のプラスとマイナスのように互いに引き合います。陰と陽は7：1が基本の人間の割合です。したがって、極陽の食べ物を1とると、極陰の食べ物が7欲しくなります。陰陽は、上手に用いると、トラブルを中和することもできます。例えば普段は動物性（強〜極陽）を取らない人が食べた場合は、強陰のナスや酒で中和できます。しかし、これら極陰、極陽を常食していると中和にはならず、どちらも過剰となり、体に負担がかかってきます。

　過剰に摂取した陰陽を排出する薬膳の例をご紹介します。

陽性過剰を排出する薬膳
症状 …… 後頭部やサイドの頭痛、歯ぎしり、夜間の熱など
対応 …… 大根またはおろしりんご——皮ごとすりおろして、½カップをすぐに食べる。2〜3日続けて食べるときは、刻みねぎと醤油少々をたらす。

陰性過剰を排出する薬膳
症状 …… 前頭部の頭痛、日中の熱、下痢、陰の嘔吐など
対応 …… 梅醤番茶——梅肉1個分と醤油数滴を練り合わせ、番茶を注いで、1分程度弱火で加熱する。

陽性過剰の蓄積、排出による症状の例
遠視、後頭部の頭痛、歯ぎしり、巻き爪、中央部の脱毛、乾燥肌、筋緊張症、痛風、肝炎、肝臓癌、十二指腸癌、直腸癌、盲腸炎、黄疸、舌癌、乳がんの一部、子宮頸癌、前立腺癌、甲状腺欠乏症、鬱状態、執着気質、神経質、憎悪、異常な頑固、短気、夢遊病など

陰性過剰の蓄積、排出による症状の例
近視、眼やに、鼻水、耳鼻炎の多く、アレルギーの多く、前頭部の脱毛、ヘルニア、白血病、冠状動脈血栓症、骨軟化症、末端巨大症、胃炎（ことに上部）、胃がんの多く、ぜんそく、気管支炎、糖尿病、乳がん（特に左）、膀胱炎、バセドー病、子宮後屈、躁状態、統合失調症、異常な恐怖心など

陰陽表

陰陽は、調理法、組み合わせ、量でも変化しますし、陰陽のどちらも強いものもあります。
以下はガイドラインとして活用してください。

極端に陰性	生クリーム、牛乳、バター、アイスクリーム、サトウキビ砂糖（上白糖、ブドウ糖液糖、ショ糖、乳糖ほか）、アスパルテーム、パラチノース、ステビア、はちみつ、アルコール（特に伝統製法でないもの）、チョコレート、じゃがいも、なす、ほうれんそう、アボカド、にんにく、いちじく、パイナップル、マンゴーなど熱帯果物、ナッツ（生）、脂肪の多いもの、精製酢、精製油（生）、ウーロン茶、抹茶、コーヒー、カレー他スパイスの多く、マヨネーズ、マーガリン、ケチャップ、たばこの副流煙、電子レンジ調理、添加物、大量生産品の多く
強い陰性	精白うどん、白米、全粒クスクス、精白粉、はと麦、オートミール、きのこ類、さつまいも、里芋、にら、黄大豆、白いんげん豆、白花豆、豆乳、油揚げ、メープルシロップ、甜菜糖、みりん、バルサミコ酢、わさび、マスタード、しょうが汁、玉ねぎ（生）、レモン、みかん、桃、すいか、ぶどう、果物全般とその加工品、紅茶、米飴、生魚、たこ、いか、生貝
中庸（やや陰性）	とうもろこし、丸麦、もやし、セロリ、カリフラワー、ブロッコリー、レタス、春菊、小松菜、かぶの葉、大根葉、大葉、大根（生）、麦味噌（熟成期間半年以下）、白味噌、ひよこ豆、レンズ豆、空豆、枝豆、絹さや、海苔、わかめ、干し椎茸、麦茶、玄米甘酒、りんご、寒天、洗いごま、長期熟成穀物酢、豆腐、葛、梅干し
中庸（やや陽性）	玄米、にんじん、ごぼう、大根、蓮根、自然薯、玉ねぎ、キャベツ、かぼちゃ、さやいんげん、煎りごま、切り干し大根、高野豆腐、納豆、葛、黒豆、小豆、天日塩、伝統製法醤油、梅酢、番茶、蕎麦、2年以上熟成麦味噌、豆味噌、昆布、ひじき、あらめ、長期熟成梅干し、玄米飴
強い陽性	自然海塩の多く、昆布、蕎麦、加熱した白身魚・いか・たこなど魚介類、鮭、加熱の少ない青魚、卵 コーヒーや焼き菓子などのロースト・ベーク調理、加工食材・乾物にみられる高温処理・乾燥（天日でない）プロセス
極端に陽性	精製塩とそれを使った加工食品、卵、塩けの強いチーズ、牛肉や豚肉などの赤肉、鶏肉、海老、蟹、貝、魚卵、赤身魚、さんまやさばなどの青魚、高温で焼きすぎた食品、たばこの主流煙、添加物の一部

玄米の美味しい炊き方

美味しいご飯は毎日の基本。美味しい玄米ご飯と味噌汁さえあれば、大満足！というくらい、みんなが好きになります。コツをしっかり押さえましょう。最初は炊飯器でもいいですが、圧力鍋で炊いたら、きっと美味しくて楽しくてやめられなくなりますよ。

1 米を選別します。もみがらや小石などをより分けます。

2 米をボウルに入れ、縁からそっと静かに水を入れる。炊くとき以上に水を吸収するので、できるだけ浄水で。

3 米を静かに丁寧に洗う。ここがポイントです。水と作る人の波動を吸収するので、心を込めて、静かに。水をかえて2〜3回優しく洗い流す。決して荒々しくしないこと。水をきる。余計な水をきらないと水量が正しく計れません。

4 米を圧力鍋に移し、分量の水（下記note参照）に浸す。

note ササニシキ2合には水約600cc：春・夏は3〜4時間以上、秋・冬は5時間以上つける。常食向き（P81）。
コシヒカリ（またはヒノヒカリ）2合には水約400cc：春・夏は2〜4時間、秋・冬は4〜6時間つける。アミロペクチンが多い。ハレの日向き。
本書レシピの米はすべてササニシキです。

5 天日塩を加える。体調によって分量は変化させます。体を緩めたいときは少なく、引き締めたいときは増やします。基本は新月で耳かき3杯分（写真中）、満月に向けて徐々に減らし耳かき1杯分（写真左）。右は小さじ½杯分です。春夏はかわりに梅干しと炊くのもおすすめ。

6 圧力鍋を火にかける。最初は中火で、圧がかかってきたら（おもりが回り始めたら）強火にして1分。弱火にしてササニシキは23〜30分、コシヒカリは20〜25分炊く。最後に、約5秒強火にする。火からおろし、約5分蒸らして甘みを引き出します。

7 ふたを開けて、しゃもじで十字に切り天地を返します。上と下でお米のエネルギーが違うので調えます。

8 おひつや飯台などに移して全体をよく切り混ぜ、ふっくらさせます。おひつは湿気の多い日本でもご飯を傷みにくくし、また余計な水けを吸うので一層美味しくなります。

note ……… ご飯は、おひつやわっぱに入れると夏は半日、冬は1日もつが、それ以上保存する場合は冷蔵庫へ。冷たくなってから食べるときは、焼き飯やおじやにすると美味しい。

野菜の切り方について

野菜は原則的に、野菜の経絡を断ち切らず、エネルギーを均等に食べるために切ります。ここでは、にんじん、玉ねぎ、キャベツで紹介しますが、ほかの野菜でも切り方は同じです。ただし、メニューによってはあえて異なる切り方も選びます。

まず縦に切る

どの野菜も、野菜の気の流れをブツッと分断しないように、包丁を横ではなく、縦に入れる。

回し切り

中心にむかって放射状に切っていく。この切り方をすることで、1カットで野菜の中心と外側のエネルギーを均等にとることができる。

斜め（薄）切り

縦半分に切った野菜に、斜めに包丁を入れて切る、または薄切りにする。

せん切り（細切り）

斜め薄切りにしたものを、さらにせん切り（細切り）にする。

野菜の端の処理のしかた

野菜のひげ根の付け根部分は包丁で削りとる。芯も葉の付け根もぎりぎりまで食べる。

海苔巻きの巻き方、おむすびのむすび方

余りご飯とちょっと残った野菜やお漬け物さえあれば、アレンジ自在の海苔巻きは本当に便利。海苔巻きの巻き方を知らないという方のために、丁寧にご紹介します。おむすびは、手のバイブレーションがダイレクトに伝わる料理。美味しくなるように心を込めて。

海苔巻きの巻き方

①　海苔の表をさっとあぶり、表を下にして巻きすにのせる。手水をつけて酢飯を向こう側3cm分残して均等な厚みに置く。具を手前に重ねる。

②　最初の巻き始めは、具をぐっと押さえたら巻きすを持ち上げ、軽く押しつけていくように巻いていく。

③　巻きすを押して向こう側に転がす。巻き終わりは、手水で海苔をとめて巻きすの上からぎゅっと綴じ目を押さえる。ぬれ布巾でふいた包丁で切る。

おむすびのむすび方

美味しいおむすびのコツはなんといっても熱々の炊きたてでご飯粒がふくらんでいるうちにむすぶこと。体の真ん中に軸が1本通っていることを思い描き、その線上で丁寧にむすびましょう。食べて開放的になるエネルギーをこめたいときは、右手を上に。心身を落ち着かせたいときは左を上にします。海苔と天日塩、3年以上熟成させた梅干しを使った玄米おむすびは、それだけで陰陽五行の5種類の陽性さが揃った一品です。

料理が美味しくなる調理法と道具

ちょっとしたコツを知るだけで、ちゃんとした道具を揃えるだけで、シンプルな料理が、ちゃんと美味しくなります。ぜひとも知っておいていただきたいことをご紹介します。

塩のふり方

30cmくらい上からまんべんなくふる。こうすると、少量の塩でもしっかり素材の味が引き出せる。

塩の分量

塩の加減は重要。少しの差で大きく違います。本書での分量は、左がごく少々で、耳かき約1杯分。真ん中が少々で、耳かき約3杯分。本物の塩（天日塩）は、食塩よりも少量でも何倍も美味しくしてくれます。目安として、右は小さじ½杯分です。

火加減

左：強火、中：中火、右：弱火。マクロビオティックの調理法は、静かなサイレントクッキングが基本。火の強さも、一般的な基準よりも弱め。電磁器でなく、できるだけ炎を使うことで、食材のエネルギーが高く活発になります。

圧力鍋

玄米を美味しく、食べやすく炊き上げたり、豆を手早く煮るには圧力鍋がおすすめ。私が使っているのは「ワンダーシェフ　レギュラー3L」。加圧加減が軽く、穏やかなエネルギー。玄米は、あっさり炊き上がります。

㊙株式会社ワンダーシェフ
☎06-6334-4341
http://www.wonderchef.jp

せいろ

せいろを使うと蒸し野菜の美味しさが違います。余ったご飯の温め直しにも重宝します。時間差で使いたいので2段以上は揃えたいところ。扱い方のポイントは水に長時間さらさないこと。洗ったら、すぐに布巾でふきます。側面やふたはできるだけ濡らしません。

ガスマット

新築のマンションだと、ガスコンロの火力が強くて弱火にしたくてもできない。弱火にしようとすると消えてしまう、という声をよく聞きます。そういう場合は、このガスマットを1枚コンロと鍋の間に挟むと便利です。自然食品店などで購入可能です。

土鍋

美味しい野菜料理に厚手の鍋は欠かせません。新しく買い足すなら、この土鍋「マスタークック」がおすすめです。遠赤外線効果があるため、食材の甘みをしっかり引き出してくれる魔法の鍋。お粥も本当に美味しく炊けます。

㊙健康綜合開発株式会社
☎03-3354-3948
http://www.kenkosogo.jp

盆ざるとざる

左：盆ざる、右：ざる。この本の作り方では、盆ざるとざるを使い分けています。盆ざるは食材を広げて置けるので、急いで粗熱をとりたいときに使います。水きりすればいいだけのときは、ざるを指定しています。

その他おすすめの道具

- 木べら……肉と違い、金属製のものでは野菜が傷んでしまいます。
- 中華鍋……せいろ用にも、またスープ、炒めもの、揚げものと幅広く使えて便利です。

● 調味料・食材について

本書の料理はどれもシンプルなもの。ですから、美味しい調味料と食材を使うことがとても大切です。調味料は味覚と血液の質にも影響が大きいです。ここでは、選び方のポイントやおすすめのものをご紹介します。

まず揃えたい基本の調味料

食材を買い揃えていくとしたら、調味料から。本物の基準を知って、皆さんとご縁のあるメーカーを見つけてください。

- 塩……北半球の海水からとり、天日や低温処理の塩を中心にします。塩の使い方の詳細はP20を参照してください。
  「奥能登天然塩」
  ㈲有限会社能登製塩 http://www.slowfood.co.jp/
  「カンホアの塩」㈲有限会社カンホアの塩 http://www.shio-ya.com/
  「海塩ごとう」㈲虎屋 http://www.goto-toraya.com/
- 醤油……無添加。杉樽で2〜3年熟成の本物の美味しさを。現在は少量生産者から購入しています。醤油は2〜3種組み合わせて使うと美味しいです。
- 味噌……手作りが理想で楽しいです。購入の際は穀物麹と国産丸大豆、食塩だけで作られた本当の味噌を。1〜2年熟成が理想です。
- ごま油……カセイソーダなどの化学薬品は一切使わない、伝統の圧搾製法の油を選びましょう。
  「鹿児島産 黒ごま油」㈲有限会社鹿北製油 ☎0995-74-1755

次に揃えたい調味料や食材

基本の調味料を揃えたら、次に変えていただきたい食材です。

- 梅干し……手作りできたら最高ですが、無理な場合は木樽で1〜3年以上熟成の赤梅干しが理想です。
- 梅酢……本来は酢といえば梅酢でした。梅干しを漬けるときに上がってくる水をとっておいて使います。市販品もあります。
- 菜種サラダ油……菜種油とは、菜の花からとった種油。伝統の圧搾製法のものを選びましょう。初心者には、「菜種油」よりも「菜種サラダ油」のほうが軽くて使いやすいです。
  「一番しぼりなたねサラダ油」㈲米澤製油株式会社 ☎03-3712-5761
- オリーブオイル……伝統の圧搾製法のものを。暑い季節におすすめ。
- 米酢……伝統製法の甘みがあるものがよいでしょう。

その他本書で使っている調味料や食材

- 「天日干し玄米（ササニシキ）」
  ㊏Made In Earth　http://blog.livedoor.jp/made_in_earth_8/
- 「特別栽培米ササニシキ玄米」
  ㊏さかきばら米店　http://www.sasanishiki.com/
- 野菜……岩﨑政利さん、池松自然農園他の種どり野菜、吉祥寺グルッペの無農薬野菜。地元の生産者さんを探してみてくださいね。
- 「マルクラ白みそ」
  ㊏マルクラ食品有限会社 ☎086-429-1551
- 「三州三河みりん」
  ㊏株式会社角谷文治郎商店 ☎0566-41-0748
- 「ミトク米水飴」「Evernat 粒マスタード」
  ㊏株式会社ミトク ☎0120-744-441
- 「ジロロモーニ デュラム小麦有機スパゲッティ」
  「ジロロモーニ 全粒粉デュラム小麦有機スパゲッティ」
  「ジロロモーニ 有機バルサミコ酢」
  ㊏株式会社創健社 ☎0120-101-702
- 「季穂全粒粉ひやむぎ」「車屋地粉春巻きの皮」「季穂全粒粉餃子の皮」
  ㊏有限会社金子製麺 ☎0465-81-0425
- 「絹こし胡麻（白・黒）」
  ㊏株式会社大村屋 ☎06-6622-0230
- 「マルシマ セイタン」
  ㊏株式会社純正食品マルシマ ☎0848-20-2506
- 「洋からし」「粉わさび」
  ㊏日本デイリーヘルス株式会社 ☎06-6443-5489
- 「みかんジュース（伊予柑混合）」
  ㊏株式会社地域法人無茶々園 ☎0894-65-1417
- 「江戸前寿司海苔お徳用はね出し」
  ㊏自然食糧品店グルッペ ☎03-3398-7427
- 「鉄火みそ」
  ㊏有限会社大口食養村 ☎0995-28-2708
- 「キャロブチップス」
  「ピーナッツバタークランチ／スムース（無糖）」「全粒粉クスクス」
  ㊏テングナチュラルフーズ／アリサン ☎042-982-4811
- 「オーガニックメープルシロップ」
  「イタリアンオーガニックビスケット」
  ㊏株式会社むそう商事　http://www.muso-intl.co.jp/
- 「活性発芽玄米餅」（11月〜3月）
  ㊏加藤農園株式会社 ☎03-3925-8731

※当リストの連絡先情報は2017年4月時点のものです。

あとがき

　この本では「バランス」という、限定できないものをあえてテーマにしました。正しい情報の不足により、ご自分に合っていない、そして美味しくないマクロビオティックに悩んでおられる方の、何かお役に立てればと思ったのです。私自身、マクロビオティック内外の先人達の功績と足跡のおかげで、今があります。それなくしては、陰陽の迷宮にさまよい、抜け出せなかった気がします。これからマクロビオティックを知る方に、少しでもそのバトンを引き継げたなら光栄です。料理が幸福を生みだしていってくれますように。

奥津 典子
okutsu noriko

1974年長崎県生まれ。学習院大学在学中にマクロビオティックに出会い、日米で学ぶ。2003年より夫・爾とオーガニックベースを開業。一男二女の母。現在は長崎県雲仙市在住。雲仙、東京、福島他でクラスを開催。通信講座サイト、オンデマンドなどでも発信中。著書に『マクロビオティックのスープ』(アスペクト) 他。

オーガニックベース

「風土とたべると台所」をテーマに、吉祥寺と雲仙と福島の3拠点で活動。料理教室や食堂ヒトトの運営、種を守る活動の他「子育てのきほん」他動画配信中。
http://organic-base.com

協力	魯山
	東京都杉並区西荻北3-45-8ペルソナーレ西荻1F
	☎03-3399-5036　http://ro-zan.com/
	天板（springP18-54）
	アトリエ　すゞ途
	東京都杉並区松庵3-31-3
	☎03-5938-3888
	器（F118・右の長皿とスープの器、P185・左）
撮影	土屋文護
ブックデザイン	五味崇宏(opon)
調理アシスタント	井上律子　露木千佳　西元洋美　村田雅代
編集	斯波朝子
カバー、口絵デザイン	渡辺哲也（山鳩舎）

＊本書は2009年5月に小社より刊行された『organic base 朝昼夜のマクロビオティックレシピ』を増補、新装したものです。

ORGANIC BASE
朝昼夜のマクロビオティックレシピ 増補新版

2009年5月30日初版発行
2017年5月20日増補新版初版印刷
2017年5月30日増補新版初版発行

著者	奥津典子
発行者	小野寺優
発行所	株式会社河出書房新社
	〒151-0051 東京都渋谷区千駄ヶ谷2-32-2
	☎03-3404-8611（編集）☎03-3404-1201（営業）
	http://www.kawade.co.jp/
印刷・製本	凸版印刷株式会社

ISBN978-4-309-28629-7
Printed in Japan

落丁・乱丁本はお取替えいたします。
本書のコピー、スキャン、デジタル化等の無断複製は著作権法上での例外を除き禁じられています。
本書を代行業者等の第三者に依頼してスキャンやデジタル化することは、いかなる場合も著作権法違反となります。